马兰花中国创业培训文件汇编

中国就业培训技术指导中心　组织编写

中国劳动社会保障出版社

图书在版编目(CIP)数据

马兰花中国创业培训文件汇编 / 中国就业培训技术指导中心组织编写. -- 北京：中国劳动社会保障出版社，2021
 ISBN 978-7-5167-1384-6

Ⅰ. ①马… Ⅱ. ①中… Ⅲ. ①创业 - 劳动政策 - 文件 - 汇编 - 中国 Ⅳ. ① D669.2

中国版本图书馆 CIP 数据核字（2021）第 022320 号

中国劳动社会保障出版社出版发行

（北京市惠新东街 1 号　邮政编码：100029）

*

北京市艺辉印刷有限公司印刷装订　新华书店经销
787 毫米 × 1092 毫米　16 开本　7 印张　117 千字
2021 年 2 月第 1 版　2021 年 7 月第 2 次印刷
定价：20.00 元

读者服务部电话：（010）64929211/84209101/64921644
营销中心电话：（010）64962347
出版社网址：http://www.class.com.cn

版权专有　　侵权必究

如有印装差错，请与本社联系调换：（010）81211666
我社将与版权执法机关配合，大力打击盗印、销售和使用盗版图书活动，敬请广大读者协助举报，经查实将给予举报者奖励。
举报电话：（010）64954652

前　言

近年来，我国创业培训工作取得显著成效，政策措施逐步健全，培训方式不断创新，培训规模持续扩大。人力资源社会保障部通过组织开展"马兰花中国创业培训项目"，从激发创业意识、提高创业能力、稳定企业经营三个方面向有创业意愿和培训需求的城乡各类劳动者开展示范性创业培训，帮助数百万劳动者实现自主创业，在促进"双创"稳就业，落实职业技能提升行动，推进脱贫攻坚和乡村振兴方面发挥了重要作用。特别是2020年，为深入贯彻落实《国务院办公厅关于印发职业技能提升行动方案（2019—2021年）的通知》（国办发〔2019〕24号）等文件精神，提升劳动者就业创业能力，人力资源社会保障部印发通知实施职业技能提升行动创业培训"马兰花计划"，进一步明确新时期做好创业培训工作的指导思想、目标任务、政策措施和工作要求，对各地推动促进创业带动就业工作具有重要意义。

为帮助大家准确把握新时期创业培训工作的政策措施，并按相关管理要求组织实施创业培训，我们编写了《马兰花中国创业培训文件汇编》，收录了近年来关于创业培训及马兰花创业培训项目的文件，并节选了国务院有关文件及人力资源社会保障部等部门配套文件，希望对各地贯彻落实文件精神，推动创业培训工作有所帮助。

中国就业培训技术指导中心
2020年12月

目　录

国务院办公厅关于印发职业技能提升行动方案（2019—2021年）的通知

　（国办发〔2019〕24号）……………………………………………………… 1

人力资源社会保障部关于实施职业技能提升行动创业培训"马兰花计划"的通知

　（人社部函〔2020〕109号）…………………………………………………… 7

人力资源社会保障部办公厅关于进一步推进创业培训工作的指导意见

　（人社厅发〔2015〕197号）…………………………………………………… 12

关于做好职业技能提升行动创业培训"马兰花计划"有关事项的通知

　（中就培函〔2020〕58号）…………………………………………………… 16

关于印发《创业培训标准（试行）》的通知

　（中就培发〔2018〕2号）…………………………………………………… 19

关于印发《马兰花中国创业培训项目组织实施规程（试行）》等技术文件的通知

　（中就培发〔2020〕7号）…………………………………………………… 32

关于印发《"创办和改善你的企业"（SIYB）培训技术要点（试行）》的通知

　（中就培发〔2020〕8号）…………………………………………………… 51

关于印发网络创业培训组织实施技术规程（试行）的通知

　（中就培函〔2017〕39号）…………………………………………………… 64

关于印发《创业指导师培训技术标准（试行）》的通知

　（中就培发〔2012〕1号）…………………………………………………… 79

关于印发《创业模拟实训技术规程（试行）》的通知

　（中就培发〔2011〕1号）…………………………………………………… 83

关于印发《马兰花创业培训线上线下融合的技术指引（2020版）》的通知

　（中就培函〔2020〕53号）…………………………………………………… 89

I

关于创业培训证书发放管理工作有关事宜的通知

（中就培函〔2017〕23号）………………………………………… 94

关于创业培训证书有关事宜的通知

（中就培函〔2016〕47号）………………………………………… 97

附录　相关文件节选 …………………………………………………… 99

国务院办公厅关于印发
职业技能提升行动方案
（2019—2021年）的通知

国办发〔2019〕24号

各省、自治区、直辖市人民政府，国务院各部委、各直属机构：

《职业技能提升行动方案（2019—2021年）》已经国务院同意，现印发给你们，请认真贯彻执行。

国务院办公厅
2019年5月18日

职业技能提升行动方案（2019—2021年）

为贯彻落实党中央、国务院决策部署，实施职业技能提升行动，制定以下方案。

一、总体要求和目标任务

（一）**总体要求**。以习近平新时代中国特色社会主义思想为指导，全面贯彻党的十九大和十九届二中、三中全会精神，把职业技能培训作为保持就业稳定、缓解结构性就业矛盾的关键举措，作为经济转型升级和高质量发展的重要支撑。坚持需求导向，服务经济社会发展，适应人民群众就业创业需要，大力推行终身职业技能培训制度，面向职工、就业重点群体、建档立卡贫困劳动力（以下简称贫困劳动力）等城乡各类劳动者，大规模开展职业技能培训，加快建设知识型、技能型、创新型劳动者大军。

（二）**目标任务**。2019年至2021年，持续开展职业技能提升行动，提高培训针

对性实效性，全面提升劳动者职业技能水平和就业创业能力。三年共开展各类补贴性职业技能培训5000万人次以上，其中2019年培训1500万人次以上；经过努力，到2021年底技能劳动者占就业人员总量的比例达到25%以上，高技能人才占技能劳动者的比例达到30%以上。

二、对职工等重点群体开展有针对性的职业技能培训

（三）**大力开展企业职工技能提升和转岗转业培训**。企业需制定职工培训计划，开展适应岗位需求和发展需要的技能培训，广泛组织岗前培训、在岗培训、脱产培训，开展岗位练兵、技能竞赛、在线学习等活动，大力开展高技能人才培训，组织实施高技能领军人才和产业紧缺人才境外培训。发挥行业、龙头企业和培训机构作用，引导帮助中小微企业开展职工培训。实施高危行业领域安全技能提升行动计划，化工、矿山等高危行业企业要组织从业人员和各类特种作业人员普遍开展安全技能培训，严格执行从业人员安全技能培训合格后上岗制度。支持帮助困难企业开展转岗转业培训。在全国各类企业全面推行企业新型学徒制、现代学徒制培训，三年培训100万新型学徒。推进产教融合、校企合作，实现学校培养与企业用人的有效衔接。鼓励企业与参训职工协商一致灵活调整工作时间，保障职工参训期间应有的工资福利待遇。

（四）**对就业重点群体开展职业技能提升培训和创业培训**。面向农村转移就业劳动者特别是新生代农民工、城乡未继续升学初高中毕业生（以下称"两后生"）等青年、下岗失业人员、退役军人、就业困难人员（含残疾人），持续实施农民工"春潮行动"、"求学圆梦行动"、新生代农民工职业技能提升计划和返乡创业培训计划以及劳动预备培训、就业技能培训、职业技能提升培训等专项培训，全面提升职业技能和就业创业能力。对有创业愿望的开展创业培训，加强创业培训项目开发、创业担保贷款、后续扶持等服务。围绕乡村振兴战略，实施新型职业农民培育工程和农村实用人才带头人素质提升计划，开展职业农民技能培训。

（五）**加大贫困劳动力和贫困家庭子女技能扶贫工作力度**。聚焦贫困地区特别是"三区三州"等深度贫困地区，鼓励通过项目制购买服务等方式为贫困劳动力提供免费职业技能培训，并在培训期间按规定通过就业补助资金给予生活费（含交通费，下同）补贴，不断提高参训贫困人员占贫困劳动力比重。持续推进东西部扶贫协作框架下职业教育、职业技能培训帮扶和贫困村创业致富带头人培训。深入推进技能脱贫千

校行动和深度贫困地区技能扶贫行动，对接受技工教育的贫困家庭学生，按规定落实中等职业教育国家助学金和免学费等政策；对子女接受技工教育的贫困家庭，按政策给予补助。

三、激发培训主体积极性，有效增加培训供给

（六）**支持企业兴办职业技能培训**。支持各类企业特别是规模以上企业或者吸纳就业人数较多的企业设立职工培训中心，鼓励企业与职业院校（含技工院校，下同）共建实训中心、教学工厂等，积极建设培育一批产教融合型企业。企业举办或参与举办职业院校的，各级政府可按规定根据毕业生就业人数或培训实训人数给予支持。支持企业设立高技能人才培训基地和技能大师工作室，企业可通过职工教育经费提供相应的资金支持，政府按规定通过就业补助资金给予补助。支持高危企业集中的地区建设安全生产和技能实训基地。

（七）**推动职业院校扩大培训规模**。支持职业院校开展补贴性培训，扩大面向职工、就业重点群体和贫困劳动力的培训规模。在院校启动"学历证书＋若干职业技能等级证书"制度试点工作，按《国务院关于印发国家职业教育改革实施方案的通知》（国发〔2019〕4号）规定执行。在核定职业院校绩效工资总量时，可向承担职业技能培训工作的单位倾斜。允许职业院校将一定比例的培训收入纳入学校公用经费，学校培训工作量可按一定比例折算成全日制学生培养工作量。职业院校在内部分配时，应向承担职业技能培训工作的一线教师倾斜，保障其合理待遇。

（八）**鼓励支持社会培训和评价机构开展职业技能培训和评价工作**。不断培育发展壮大社会培训和评价机构，支持培训和评价机构建立同业交流平台，促进行业发展，加强行业自律。民办职业培训和评价机构在政府购买服务、校企合作、实训基地建设等方面与公办同类机构享受同等待遇。

（九）**创新培训内容**。加强职业技能、通用职业素质和求职能力等综合性培训，将职业道德、职业规范、工匠精神、质量意识、法律意识和相关法律法规、安全环保和健康卫生、就业指导等内容贯穿职业技能培训全过程。坚持需求导向，围绕市场急需紧缺职业开展家政、养老服务、托幼、保安、电商、汽修、电工、妇女手工等就业技能培训；围绕促进创业开展经营管理、品牌建设、市场拓展、风险防控等创业指导培训；围绕经济社会发展开展先进制造业、战略性新兴产业、现代服务业以及循环农业、智慧农业、智能建筑、智慧城市建设等新产业培训；加大人工智能、云计算、大

数据等新职业新技能培训力度。

（十）加强职业技能培训基础能力建设。有条件的地区可对企业、院校、培训机构的实训设施设备升级改造予以支持。支持建设产教融合实训基地和公共实训基地，加强职业训练院建设，积极推进职业技能培训资源共建共享。大力推广"工学一体化"、"职业培训包"、"互联网+"等先进培训方式，鼓励建设互联网培训平台。加强师资建设，职业院校和培训机构实行专兼职教师制度，可按规定自主招聘企业技能人才任教。加快职业技能培训教材开发，规范管理，提高教材质量。完善培训统计工作，实施补贴性培训实名制信息管理，探索建立劳动者职业培训电子档案，实现培训评价信息与就业社保信息联通共享，提供培训就业一体化服务。

四、完善职业培训补贴政策，加强政府引导激励

（十一）落实职业培训补贴政策。对贫困家庭子女、贫困劳动力、"两后生"、农村转移就业劳动者、下岗失业人员和转岗职工、退役军人、残疾人开展免费职业技能培训行动，对高校毕业生和企业职工按规定给予职业培训补贴。对贫困劳动力、就业困难人员、零就业家庭成员、"两后生"中的农村学员和城市低保家庭学员，在培训期间按规定通过就业补助资金同时给予生活费补贴。符合条件的企业职工参加岗前培训、安全技能培训、转岗转业培训或初级工、中级工、高级工、技师、高级技师培训，按规定给予职业培训补贴或参保职工技能提升补贴。职工参加企业新型学徒制培训的，给予企业每人每年4000元以上的职业培训补贴，由企业自主用于学徒培训工作。企业、农民专业合作社和扶贫车间等各类生产经营主体吸纳贫困劳动力就业并开展以工代训，以及参保企业吸纳就业困难人员、零就业家庭成员就业并开展以工代训的，给予一定期限的职业培训补贴，最长不超过6个月。

（十二）支持地方调整完善职业培训补贴政策。符合条件的劳动者在户籍地、常住地、求职就业地参加培训后取得证书（职业资格证书、职业技能等级证书、专项职业能力证书、特种作业操作证书、培训合格证书等）的，按规定给予职业培训补贴，原则上每人每年可享受不超过3次，但同一职业同一等级不可重复享受。省级人力资源社会保障部门、财政部门可在规定的原则下结合实际调整享受职业培训补贴、生活费补贴人员范围和条件要求，可将确有培训需求、不具有按月领取养老金资格的人员纳入政策范围。市（地）以上人力资源社会保障部门、财政部门可在规定的原则下结合实际确定职业培训补贴标准。县级以上政府可对有关部门各类培训资金和项目进

行整合，解决资金渠道和使用管理分散问题。对企业开展培训或者培训机构开展项目制培训的，可先行拨付一定比例的培训补贴资金，具体比例由各省（区、市）根据实际情况确定。各地可对贫困劳动力、去产能失业人员、退役军人等群体开展项目制培训。

（十三）**加大资金支持力度**。地方各级政府要加大资金支持和筹集整合力度，将一定比例的就业补助资金、地方人才经费和行业产业发展经费中用于职业技能培训的资金，以及从失业保险基金结余中拿出的1000亿元，统筹用于职业技能提升行动。各地拟用于职业技能提升行动的失业保险基金结余在社会保障基金财政专户中单独建立"职业技能提升行动专账"，用于职工等人员职业技能培训，实行分账核算、专款专用，具体筹集办法由财政部、人力资源社会保障部另行制定。企业要按有关规定足额提取和使用职工教育经费，其中60%以上用于一线职工培训，可用于企业"师带徒"津贴补助。落实将企业职工教育经费税前扣除限额提高至工资薪金总额8%的税收政策。推动企业提取职工教育经费开展自主培训与享受政策开展补贴性培训的有机衔接，探索完善相关机制。有条件的地区可安排经费，对职业技能培训教材开发、师资培训、教学改革以及职业技能竞赛等基础工作给予支持，对培训组织动员工作进行奖补。

（十四）**强化资金监督管理**。要依法加强资金监管，定期向社会公开资金使用情况，加强监督检查和专项审计工作，加强廉政风险防控，保障资金安全和效益。对以虚假培训等套取、骗取资金的依法依纪严惩，对培训工作中出现的失误和问题要区分不同情况对待，保护工作落实层面干事担当的积极性。

五、加强组织领导，强化保障措施

（十五）**强化地方政府工作职责**。地方各级政府要把职业技能提升行动作为重要民生工程，切实承担主体责任。省级政府要建立职业技能提升行动工作协调机制，形成省级统筹、部门参与、市县实施的工作格局。各省（区、市）要抓紧制定实施方案，出台政策措施，明确任务目标，进行任务分解，建立工作情况季报、年报制度。市县级政府要制定具体贯彻落实措施。鼓励各地将财政补助资金与培训工作绩效挂钩，加大激励力度，促进扩大培训规模，提升培训质量和层次，确保职业技能提升行动有效开展。

（十六）**健全工作机制**。在国务院就业工作领导小组框架下，健全职业技能提升行动工作协调机制，充分发挥行业主管部门等各方作用，形成工作合力。人力资源社会保障部门承担政策制定、标准开发、资源整合、培训机构管理、质量监管等职责，制定年度工作计划，分解工作任务，抓好督促落实。发展改革部门要统筹推进职业技能培训基础能力建设。教育部门要组织职业院校承担职业技能培训任务。工业和信息化、住房城乡建设等部门要发挥行业主管部门作用，积极参与培训工作。财政部门要确保就业补助资金等及时足额拨付到位。农业农村部门负责职业农民培训。退役军人事务部门负责协调组织退役军人职业技能培训。应急管理、煤矿安监部门负责指导协调化工、矿山等高危行业领域安全技能培训和特种作业人员安全作业培训。国资监管部门要指导国企开展职业技能培训。其他有关部门和单位要共同做好职业技能培训工作。支持鼓励工会、共青团、妇联等群团组织以及行业协会参与职业技能培训工作。

（十七）**提高培训管理服务水平**。深化职业技能培训工作"放管服"改革。对补贴性职业技能培训实施目录清单管理，公布培训项目目录、培训和评价机构目录，方便劳动者按需选择。地方可采取公开招投标等方式购买培训服务和评价服务。探索实行信用支付等办法，优化培训补贴支付方式。建立培训补贴网上经办服务平台，有条件的地区可对项目制培训探索培训服务和补贴申领告知承诺制，简化流程，减少证明材料，提高服务效率。加强对培训机构和培训质量的监管，健全培训绩效评估体系，积极支持开展第三方评估。

（十八）**推进职业技能培训与评价有机衔接**。完善技能人才职业资格评价、职业技能等级认定、专项职业能力考核等多元化评价方式，动态调整职业资格目录，动态发布新职业信息，加快国家职业标准制定修订。建立职业技能等级认定制度，为劳动者提供便利的培训与评价服务。从事准入类职业的劳动者必须经培训合格后方可上岗。推动工程领域高技能人才与工程技术人才职业发展贯通。支持企业按规定自主开展职工职业技能等级评价工作，鼓励企业设立首席技师、特级技师等，提升技能人才职业发展空间。

（十九）**加强政策解读和舆论宣传**。各地区、各有关部门要加大政策宣传力度，提升政策公众知晓度，帮助企业、培训机构和劳动者熟悉了解、用足用好政策，共同促进职业技能培训工作开展。大力弘扬和培育工匠精神，落实提高技术工人待遇的政策措施，加强技能人才激励表彰工作，积极开展各类职业技能竞赛活动，营造技能成才良好环境。

人力资源社会保障部
关于实施职业技能提升行动
创业培训"马兰花计划"的通知

人社部函〔2020〕109号

各省、自治区、直辖市及新疆生产建设兵团人力资源社会保障厅（局）：

为深入贯彻落实《国务院办公厅关于印发职业技能提升行动方案（2019—2021年）的通知》（国办发〔2019〕24号）等文件精神，提升劳动者就业创业能力，促进劳动者成功创业、稳定和扩大就业，决定面向有创业意愿和培训需求的城乡各类劳动者实施创业培训"马兰花计划"（以下简称"马兰花计划"）。现就有关工作通知如下：

一、指导思想

以习近平新时代中国特色社会主义思想为指导，深入贯彻"六稳""六保"，认真落实职业技能提升行动部署要求，扎实推进脱贫攻坚的战略措施，按照政府激励引导、社会广泛参与、劳动者自主选择的原则，面向劳动者开展创业培训，提升劳动者就业创业能力，为加快推动大众创业、万众创新，促进就业倍增效应提供有力支撑。

二、工作目标

实施"马兰花计划"，健全并完善政府引导、社会参与、创业者自主选择的创业培训工作机制。创业培训机构突破5000家，并结合高技能人才培训基地建设，发展一批更高水平、更具影响力的创业培训示范基地。培育一支覆盖各类培训课程的创业培训师资队伍，力争年培训量不低于8000人，参照技能大师工作室做法，支持优秀创业培训师资等成立创业指导工作室。扩大创业培训规模，提升创业培训质量，2021年培训量不低于200万人次，力争年培训量逐年有所提高。

三、工作措施

（一）明确创业培训内容。针对不同的创业阶段有针对性地开展创业培训。准备创业和创业初期的人员可参加创业意识、创办企业、网络创业、创业（模拟）实训等培训课程，提升项目选择、市场评估、资金预测、创业计划等能力；已经成功创业的人员可参加改善企业和扩大企业的培训课程，健全管理体系，制定发展战略，抵御外部风险，稳定企业经营，扩大就业岗位。

（二）扩大创业培训群体范围。创业培训要面向有创业意愿和培训需求的城乡各类劳动者。重点对贫困家庭子女、贫困劳动力、城乡未继续升学初高中毕业生（以下简称"两后生"）、各类职业院校（含技工院校，下同）学生、高校学生、离校 2 年内未就业高校毕业生、农村转移就业劳动者、返乡入乡创业人员、乡村创业致富带头人、下岗失业人员、转岗职工、小微企业主、个体工商户、就业困难人员（含残疾人）、退役军人、即将刑满释放人员等开展创业培训。

（三）促进技能与创业创新结合。推动职业院校创业创新培训，将创业创新课程纳入教学计划，使有创业意愿和培训需求的学生都有机会参加创业创新培训。依托技能大师工作室等开展多种形式的创业创新活动，将学生在校期间开展的"试创业"实践活动纳入政策支持范围。依托各地创业培训师资培训计划，加速职业院校创业培训师资培养。

（四）完善创业培训资源建设。依托《创业培训标准（试行）》，开发适用于不同创业群体、不同创业阶段的创业培训课程和教材，构建创业培训课程库和案例库。完善灵活多样的培训模式，积极采取小班互动式教学，辅以创业实训、观摩游学、创业指导等。探索"互联网＋创业培训"，有条件的地区可按照有关要求规范试点翻转课堂等线上学习与线下培训相融合的培训模式。加强网络创业培训技术平台的课程设置、教学管理和后续服务等功能建设。

（五）促进创业培训机构发展。加强创业培训机构规范管理，指导创业培训机构严格按照《创业培训标准（试行）》开展创业培训，强化培训效果评估和培训后续服务。广泛发动更多优势资源参与创业培训，支持符合条件的职业培训机构、就业创业培训（实训）中心、各类职业院校、高校、创业孵化基地、众创空间等实体开展创业培训。鼓励培训机构将培训服务"送上门"，为各类职业院校、高校、企业等机构组织提供培训课程、师资等创业培训优质资源。

（六）加强创业培训师资队伍建设。各地要进一步加强创业培训师资管理，完善进出、考评和激励机制。建立创业培训师资库，实现创业培训师资动态管理。制定长期师资培养计划，定期组织各类创业培训师资培训，并通过提高培训、研讨交流、教学观摩、讲师大赛等活动，提升创业培训师资培训指导能力。鼓励有条件的地区根据创业培训师资培训需求，探索创新市场化师资培训模式。持续组织"马兰花全国创业培训讲师大赛"，以赛促培训，以赛促交流，以赛促提高。

（七）完善创业培训质量监控体系。依托《创业培训标准（试行）》，完善创业培训质量监控和效果评估体系。利用大数据、区块链等技术，完善创业培训管理工作，加强创业培训信息化平台建设，做好创业培训日常管理、过程监督、培训考核、证书管理、效果评估、资金管理等一体化管理服务，实现培训机构全覆盖、培训人员全实名、培训资金全记录、培训过程可追溯、培训质量可监控。

（八）强化创业培训后续服务。加强创业培训与创业服务的有效衔接和统筹推进。依托人力资源社会保障部门公共创业服务机构，为参加培训的创业者提供开业指导、创业担保贷款、创业孵化、创业见习、企业咨询等服务，推动开展线上创业服务。吸纳创业培训师资、创业指导师、企业家、投资人等建立创业导师库，有条件的地区可结合本地实际，探索支持优秀创业导师成立工作室。

（九）推动创业培训助力脱贫致富。各地要加强对贫困地区、农村地区、边远地区的创业培训指导。结合乡村创业特点和培训需求，开发创业培训指导课程。加强贫困地区创业培训师资队伍和创业导师队伍建设。挖掘宣传返乡入乡人员、乡村创业致富带头人和扶贫创业培训师资的典型事迹。

四、工作要求

（十）加强实施管理。"马兰花计划"是职业技能提升行动的重要内容，各地要高度重视，建立工作机制，确保高质量完成任务。结合职业技能提升行动整体要求，强化督导管理，结合实际制定实施方案，明确目标，落实责任。对创业培训项目和创业培训机构实行目录清单管理，及时公布创业培训课程和创业培训机构目录。加强部门协作，协调解决"马兰花计划"中遇到的实际困难和问题。

（十一）落实资金保障。创业培训所需补贴从就业补助资金或职业技能提升行动专账资金中合理统筹安排。职业技能提升行动期间，优先使用职业技能提升行动专账资金。各地可结合实际提高培训补贴标准。有条件的地区可结合本地实际，对教学资源开发、线上创业培训、管理人员培训、管理平台开发等基础工作给予经费支持。各地要健全资金管理制度,明确监管主体,强化使用监管,保障使用安全,提高使用效益。

(十二)注重宣传引导。面向城乡各类劳动者加大创业培训政策宣传力度。结合职业技能提升行动,开展"马兰花计划"主题宣传活动。积极运用各种宣传媒介和平台,广泛宣传创业者、创业培训师资、创业培训机构、创业培训管理人员的典型事迹,发挥示范作用,交流工作经验,深入推动创业带动就业工作。

附件:马兰花创业培训项目介绍

人力资源社会保障部

2020 年 11 月 4 日

附件

马兰花创业培训项目介绍

马兰花创业培训项目(以下简称项目)是人力资源社会保障部门面向有创业意愿和培训需求的城乡各类劳动者开展的示范性创业培训,通过激发创业意识、提高创业能力、稳定企业经营,为劳动者提供创业培训和指导。

一、项目背景

本世纪初,为应对经济体制改革带来的就业压力,原劳动保障部与国际劳工组织合作实施"创办和改善你的企业(SIYB)中国项目",引进 SIYB 课程体系和管理技术,对下岗失业人员等就业重点群体开展创业培训。同时,国家出台积极就业政策,探索补贴培训与小额担保贷款相结合,并逐步建立政策扶持、创业培训和创业服务"三位一体"的工作模式,为我国推动创业促就业工作奠定坚实基础。

二、项目特点

(一)管理体系基础实。项目依托人力资源社会保障系统建立了部、省、市、培训机构四级管理体制。部职业能力建设司负责政策制定及工作推动；中国就业培训技术指导中心负责组织实施、技术开发及队伍建设等；省、市级创业培训主管部门负责日常管理及监督评估等；培训机构负责培训组织和后续服务。目前，全国有创业培训机构4000余家。

（二）**补贴政策有渠道**。项目主要依托人力资源社会保障系统，面向就业困难人员等就业重点群体开展补贴性创业培训。补贴资金渠道主要通过就业补助资金或职业技能提升行动专账资金。

（三）**课程体系较完善**。项目以国际劳工组织SIYB课程为基础，覆盖创业全过程，包括初创阶段的创业意识（GYB）课程和创办企业（SYB）课程，已创业阶段的改善企业（IYB）课程和扩大企业（EYB）课程。项目自主开发网络创业培训课程，帮助创业者在网上开店创业。项目通过课程库逐步开发和吸收适用于不同群体和业态的课程体系。

（四）**师资队伍建设强**。项目累计培养师资6万余人，覆盖所有省、自治区、直辖市，并培养蒙、维、藏语师资服务边远地区。这些师资包括创业培训服务机构人员、高校师资、创业专家、企业家等。为加强师资能力提升，人力资源社会保障部每两年组织一届"马兰花全国创业培训讲师大赛"。

（五）**带动就业效果好**。项目通过小班互动式教学，实现较高的学员满意度、创业成功率和企业稳定率，就业带动效果凸显，成为各级人力资源社会保障部门推动"双创"稳就业，助力脱贫攻坚，促进职业能力提升的重要抓手。

人力资源社会保障部办公厅关于进一步推进创业培训工作的指导意见

人社厅发〔2015〕197号

各省、自治区、直辖市及新疆生产建设兵团人力资源社会保障厅（局）：

近年来，我国创业培训工作取得显著成效，政策措施逐步健全，培训方式不断创新，培训规模持续扩大，已有数百万劳动者在参加创业培训后实现自主创业，为促进就业和经济社会发展发挥了重要作用。但同时也应看到，创业培训工作尚不能完全满足经济新常态下推进大众创业、万众创新的需要，培训制度需要进一步健全，培训模式需要进一步创新，培训质量需要进一步提升，工作力度需要进一步加大。为贯彻落实《中共中央 国务院关于深化体制机制改革加快实施创新驱动发展战略的若干意见》（中发〔2015〕8号）、《国务院关于进一步做好新形势下就业创业工作的意见》（国发〔2015〕23号）、《国务院关于大力推进大众创业万众创新若干政策措施的意见》（国发〔2015〕32号）等文件精神，大力提升劳动者创业能力，全面推动大众创业、万众创新，现就进一步推进创业培训工作提出如下意见：

一、充分认识加强创业培训工作的重要意义

创业培训是培育劳动者创新精神、提高劳动者创业能力、实现个人发展和创造自身价值的重要途径，是激发劳动者创造力、推动大众创业万众创新、实现创业带动就业的重要手段。各级人社部门要充分认识新形势下加强创业培训工作的重要意义，增强责任感和使命感，将创业培训工作作为促进就业和服务经济社会发展的重要措施，进一步完善和落实政策，健全制度和机制，大力推进创业培训工作。

二、指导思想和工作目标

（一）**指导思想**：以服务就业和经济发展为导向，以推行终身职业技能培训制度和提升劳动者创业能力为宗旨，充分调动社会各方积极性，发挥市场主体作用，强化

创业培训公共服务,创新创业培训模式,扩大创业培训规模,提高创业培训针对性和有效性,建立政府激励引导、社会广泛参与、劳动者自主选择的创业培训工作新机制,为推进大众创业、万众创新提供支撑。

(二)**工作目标**:面向有创业意愿和创业培训需求的劳动者大规模开展创业培训,大幅度提高创业培训质量,使有创业意愿和创业培训需求的劳动者都有机会获得创业培训服务,增强创业带动就业的效应,逐步建立起培训主体多元化、培训模式多样化、培训内容多层次,能够有效覆盖创业活动不同阶段的创业培训体系。

三、政策措施

(一)**明确创业培训对象和内容**。将具有明确创业意愿和创业培训需求、勇于投身创业实践的城乡各类劳动者作为创业培训对象,将企业家精神和素质培养、创办企业和经营管理能力训练作为创业培训的主要内容,以高校毕业生、科技人员、留学回国人员、返乡农民工、退役军人、失业人员和转岗职工等群体为重点,以组织实施专项行动计划为抓手,推动创业培训广泛开展。

(二)**建立健全创业培训制度**。把创业培训制度纳入终身职业技能培训制度范畴。建立培训对象甄选制度,完善创业意愿识别和能力短板诊断机制。完善政府购买培训成果制度,对列入财政补贴范围的创业培训项目按购买服务的规定执行。建立健全培训主体报告制度,强化财政补贴培训项目实施主体的报告义务。健全创业培训师资管理制度,完善师资备案、评价、奖惩机制。建立健全培训绩效考评制度,对创业培训工作成效实施第三方评估。

(三)**加强创业培训课程开发**。以创业活动不同阶段、不同业态的知识技能需求为导向,编制创业培训大纲和技术标准,针对不同群体、不同项目的特点,开发创业培训课程和培训方式,构建多层次、模块化的创业培训课程体系。推进网络创业培训课程开发工作。以"创办和改善你的企业"(SIYB)、"创业模拟实训"等课程为基础,从已被广泛应用、学员普遍认可的创业培训课程中精选出一批精品课程,供各地优先选用。鼓励有条件的地区以政府与社会资本合作(PPP)模式组织开发新领域、新业态的创业培训课程并实施创业培训。

(四)**加强创业培训师资队伍建设**。探索建立创业培训师资的职业化发展通道,建立创业指导师队伍。各地要建立创业培训师资库,完善师资登记、考核、进出机制,强化对师资能力水平考核和学员满意度评价,对师资队伍进行动态管理。制定长期师资培养计划，定期组织开展提高培训、研讨交流、观摩教学等活动，提升师资业务素质和能力水平。鼓励将社会专业人士吸纳到创业培训专家队伍中，提升创业培训专业化水平。

（五）规范创业培训机构发展。各地要对创业培训机构进行统筹规划，加强创业培训机构规范化管理，指导创业培训机构严格按照标准和要求开展创业培训，对有需求的学员提供后期辅导服务。建立健全政府购买服务机制，按照公开规范、保障质量、提升效益的原则，鼓励和引导各类优质教育培训资源投入创业培训。按照"条件公开、合理布局、平等竞争、动态管理"的原则，制定承担政府补贴培训任务的创业培训机构的基本条件和认定程序，对符合条件的创业培训机构向社会公示并登记备案。

（六）创新创业培训模式。利用各类创业培训资源，开发针对不同创业群体、不同阶段创业活动的创业培训项目。积极采取互动式教学培训方式，辅以创业实训、考察观摩、创业指导等培训方式，大力开展能力培训、知识传授、政策咨询等服务。积极探索创业培训与技能培训、创业培训与区域产业相结合的培训模式。充分利用互联网、信息化实训平台等载体，试点推广"慕课"等"互联网+"创业培训新模式，大规模开展开放式在线培训。加强远程公益创业培训，提升基层创业人员创业能力。研究探索通过"创业券"、"创新券"等方式对创业者提供创业培训服务。实施大学生创业引领计划和技能就业行动，鼓励高等院校、职业院校、技工院校学生在校期间开展"试创业"实践活动和电子商务培训活动，并将其纳入创业培训政策支持范围。组织开展农民工等人员返乡创业三年行动计划，大力推进返乡农民工等人员创业培训工作。

（七）强化创业服务。推进创业指导、创业培训和创业服务的有效衔接、统筹发展。完善公共创业服务功能，健全开业指导、创业孵化、项目推介、咨询指导、创业融资、人事代理相结合的创业服务体系。以创业培训师资队伍为基础，吸纳具有企业管理专业背景和创业实践经验的企业家、专家教授以及熟悉经济发展和创业政策的相关部门人员，共同推进创业服务工作。加快创业培训信息化管理平台建设，开展培训档案管理、培训流程监督、培训效果评估、师资库管理、培训资金管理等工作，并与创业培训技术服务平台链接，实现数据、信息、资源联通共享。

四、加强组织领导

（一）健全工作机制。各地人社部门要深入贯彻国务院要求，推动建立在政府统一领导下，人社部门统筹协调，相关部门各司其职、密切配合，工、青、妇等人民团体广泛参与的创业培训工作机制。各地人社部门要认真履行工作职责，根据本地实际科学规划，制定专项行动计划并抓好组织实施，加强工作组织指导，加大政策支持力度，扎实有效地推进创业培训工作。

（二）加大资金投入。劳动者参加创业培训并取得培训合格证书，实现创业或就业的，按规定享受政府创业培训补贴。各地人社部门要根据培训需求和经济发展水平，会同有关部门科学合理确定培训补贴标准，创业培训补贴从就业专项资金中列支。要加大资金投入，大力推动创业培训开展。有条件的地区要安排工作经费，对师资培训、管理人员培训、管理平台开发等基础工作给予支持。严格资金管理，提高资金使用效益，确保资金使用安全。

（三）加强绩效评估。要结合就业信息化整体工作进展，将创业培训后创业情况与就业数据相对照，将创业培训计划执行情况、创业成功率、新办企业吸纳就业情况等作为评价创业培训工作的重要指标，大力开展创业培训工作绩效评估工作。对工作开展较好的创业培训机构，要在政策和经费上给予倾斜。

（四）注重舆论宣传。各级人社部门和培训机构要充分利用报刊、广播、电视、网络等媒体做好创业培训工作的宣传。通过举办创业训练营、创业创新大赛、创业项目展示推介等活动，宣传创业培训，树立创业典型，建立激励机制，从而营造全社会共同关心、支持、参与创业的良好氛围。

人力资源社会保障部
2015 年 12 月 23 日

关于做好职业技能提升行动创业培训"马兰花计划"有关事项的通知

中就培函〔2020〕58号

各省、自治区、直辖市及新疆生产建设兵团人力资源社会保障厅（局）创业培训主管部门：

为贯彻落实《人力资源社会保障部关于实施职业技能提升行动创业培训"马兰花计划"的通知》（人社部函〔2020〕109号，以下简称《通知》）精神，充分发挥马兰花中国创业培训项目（以下简称马兰花创业培训）示范引领作用，经商职业能力建设司，现就有关事项通知如下：

一、深刻领会"马兰花计划"的重要意义

实施"马兰花计划"是贯彻习近平新时代中国特色社会主义思想的重要举措，对贯彻"六稳""六保"，落实职业技能提升行动，推进脱贫攻坚和乡村振兴战略，推动"双创"促就业具有重要意义。《通知》明确了"马兰花计划"的工作目标和政策举措，对组织实施提出了要求。各级创业培训主管部门要高度重视，充分认识重要意义，提高政治站位，抓住当前机遇，结合马兰花创业培训经验成果，努力实现创新发展。要加强组织领导，认真研究政策落实，采取扎实有效的工作措施，协调推进，确保完成"马兰花计划"工作任务。

二、抓紧推动"马兰花计划"贯彻落实

各级创业培训主管部门要以贯彻落实《通知》，促进重点工作开展。

一是规范马兰花创业培训管理。我们将印发《马兰花中国创业培训项目组织实施规程（试行）》等系列管理文件。各级创业培训主管部门要在此基础上制定或完善相应的管理办法，规范马兰花创业培训组织实施工作，确保培训质量和培训效果。

二是大力开展改善和扩大企业培训。各地要加强改善和扩大企业课程宣传推介，

将改善和扩大企业培训课程纳入培训项目目录清单，通过后续跟踪了解学员创业情况，指导已经创业学员参加改善和扩大企业培训。针对已经创业的小微企业主、个体工商户等提供相适应的培训课程。结合地方实践成果，继续推进乡村创业带头人培训课程的开发试点活动。

三是推动技工院校开展创业创新培训。各地可依托第二课堂、公共课等开展技工院校创业创新培训，将创业创新培训纳入教学（或培训）计划，做好课时安排。积极协调有关部门落实技工院校学生创业培训补贴政策。鼓励创业培训机构为技工院校提供课程、师资等优质资源。各地创业培训主管部门开展师资培训重点向技工院校名额倾斜，有条件的地区可支持技工院校自主开展师资培训。鼓励开发并试点适用技能＋创业创新的培训课程。加强技工院校创业创新工作经验交流。

四是优化升级创业培训课程教材等资源。鼓励各地根据本地区实际情况和创业者需求，开发试点针对性、适用性强的培训课程、培训教材、培训技术等。我们将加强马兰花创业培训课程库建设，并优选各地创业培训主管部门推荐的培训课程等资源进入马兰花创业培训课程库。按照《马兰花创业培训线上线下融合的技术指引（2020版）》要求，探索创业培训线上线下融合的培训模式和培训技术。有条件的地区可结合本地实际对教学资源开发、线上创业培训等给予经费支持。

五是发展高水平创业培训示范基地。各地要对本地创业培训机构进行规范管理，并将创业培训机构纳入职业培训机构目录清单。各地创业培训主管部门要制定遴选条件、流程，在区域内优选一批具有示范引领作用的培训机构，结合高技能人才培训基地建设，发展成为更高水平、更具影响力的创业培训示范基地。我们将在各地经验基础上研究制定创业培训示范基地建设标准。各地要加强创业培训机构与创业培训示范基地经验交流，实现整体布局、协同发展。

六是建设创业培训指导专业化队伍。各地要结合创业培训师资能力提升模型课题研究及创业培训指导课程开发成果，采取多种形式提升创业培训师资、创业导师的培训指导能力，打造一支服务于就业创业工作的专业化队伍。各级创业培训主管部门要将能力突出的创业培训师资纳入创业导师库，并参照技能大师工作室做法，成立创业指导工作室，为创业实践提供后续服务，我们将研究制定创业指导工作室建设指南。持续组织"马兰花全国创业培训讲师大赛"，全面提升创业培训师资培训指导能力。有条件的地区可结合本地实际对师资培训、创业导师培训、提高交流、讲师大赛等活动给予经费支持。

三、全面做好"马兰花计划"的保障工作

我们将组织"马兰花计划"主题宣传活动,各地要积极宣传"马兰花计划"的重要意义和作用,争取各级领导支持。各省级创业培训主管部门要进一步加强对市、县工作的督促指导,强化部门间沟通协作,适时组织创业培训管理人员培训交流活动。各级创业培训主管部门要结合本地实际提高创业培训补贴标准,并将补贴所需资金落实到位。各地要加强马兰花创业培训信息化管理,并与部中心创业培训技术服务管理平台对接,实现创业培训资源共享、信息数据互通互联。我们将根据职业技能提升行动整体部署安排,对各地贯彻落实《通知》的工作进展情况进行督导,确保"马兰花计划"落到实处。

中国就业培训技术指导中心
2020 年 12 月 4 日

关于印发《创业培训标准（试行）》的通知

中就培发〔2018〕2号

各省、自治区、直辖市及新疆生产建设兵团人力资源社会保障厅（局）创业培训工作主管部门：

为深入贯彻党的十九大精神，全面落实国务院《关于做好当前和今后一段时期就业创业工作的意见》（国发〔2017〕28号）和《人力资源社会保障部办公厅关于进一步推进创业培训工作的指导意见》（人社厅发〔2015〕197号）等文件要求，在总结"双创"工作成果和创业培训经验基础上，制定《创业培训标准（试行）》，经与职业能力建设司认真研究，并报请我部领导同意，现印发试行。

各地人力资源社会保障部门要结合本地实际参照执行，从而有效引导和规范创业培训的课程开发、培训组织、师资培养和培训机构管理等工作，从而整体提高创业培训质量和水平，加快推动创业培训工作持续健康发展，积极促进创业带动就业。

附件：《创业培训标准（试行）》

中国就业培训技术指导中心
2018年12月7日

附件

创业培训标准（试行）

引　言

创业培训是面向具有创业意愿的劳动者或中小微型企业的经营管理者进行的激发

创业意识、培养创新精神、普及创业知识、提升创业能力的培训活动和指导服务，是推动大众创业万众创新、实现创业带动就业，促进经济增长的重要手段。目前，全国已基本建立培训主体多元、培训模式多样、覆盖创业活动不同阶段的创业培训体系，形成政府激励引导、社会广泛参与、劳动者自主选择的培训机制。为加快推进创业培训工作持续健康发展，特制定并试行创业培训标准。

（一）标准制定目标

1. 规范指导创业培训工作良性发展。通过标准，对创业培训的课程内容和教学组织行为提出指导意见，鼓励更多优质资源参照标准，规范组织课程开发、师资培养、培训机构选择等各类资源建设工作，科学开展创业培训，让创业者真正受益，并确保资金使用有效。

2. 引导更多优质资源参与创业培训。为创业培训项目（或课程）的立项开发、推广评估提供评价导向和指导性依据，从而鼓励各地通过引进吸收、自主开发等方式发掘好课程，经试点总结完善后加以推广。

3. 完善创业培训技术标准体系。如下图所示，标准给出宏观指导，在标准统领下，各创业培训项目再制定相适应的"项目组织实施规程"，对本项目的教学大纲、教材开发、师资培养与管理、机构选择与管理、培训监督与评估等工作给予具体要求。创业培训的组织者和师资应遵循"项目组织实施规程"具体开展教学活动。从创业培训标准到各项目组织实施规程，进一步完善创业培训技术标准体系。

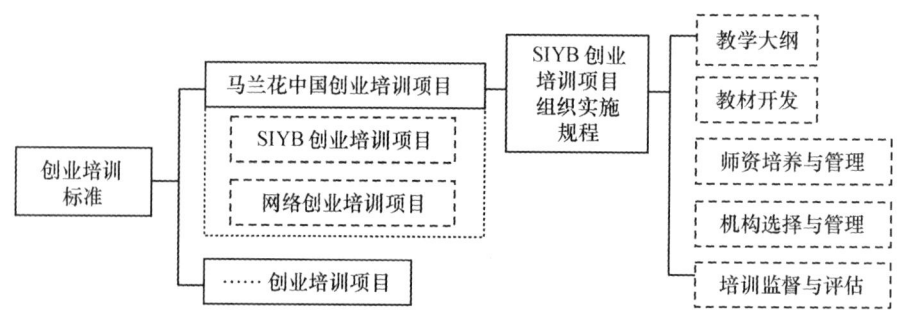

（二）标准核心内容

标准包括创业培训概述、创业培训知识和能力要素、创业培训组织实施要求以及附例四个部分。

1. 创业培训概述。主要明确创业培训总体目标、直接目标、创业培训原则和创业培训核心内容。

2.创业培训知识和能力要素。主要根据创业认知、创业准备、企业运营三个创业阶段对培训内容进行详尽阐述，符合创业者成长发展的普遍规律。每个阶段分别从培训对象、培训目标、培训内容与学习要点、培训学时等几方面进行阐述，具有较强的针对性和实用性，体现了以创业者为本的理念。

3.创业培训组织实施要求。主要从培训参与主体、培训形式和方法、培训过程管理和培训效果评估四个方面对创业培训组织实施活动进行规范要求，涵盖创业培训全过程，体现创业培训精细化、精准化发展的趋势和需求。

4.附例。主要以人力资源社会保障部开展的马兰花中国创业培训项目中的"创办你的企业（Start Your Business，SYB）"示范培训课程为例，从知识和能力要素、培训组织实施要求两个方面系统解读如何理解和对照本标准。

一、创业培训概述

（一）总体目标

深入推进大众创业、万众创新，培育全社会创业创新文化，推动中小微型企业创新发展，创造更多就业机会，促进国民经济持续、稳定增长。

（二）直接目标

1.培养劳动者创业创新思维，提高劳动者创业综合素质，帮助劳动者学会识别市场机会，完成创业构思和创业计划，掌握企业经营管理必备知识，全面增强创业竞争力。

2.帮助中小微型企业主构建基本的企业经营管理体系，提升中小微型企业主市场趋势分析预判能力、品牌建设及企业战略规划能力，改善企业经营，加速企业成长。

（三）创业培训原则

1.以创业需求为导向，面向全体，分类培训。创业培训应尊重创业创新规律，以切实解决创业者和中小微型企业主面临的各类创业问题和实际的培训需求为导向，根据创业不同阶段、不同业态及不同培训对象，提供有针对性的培训课程和后续指导服务。

2.以培训效果为目的，完善体系，强化指导。注重创业培训的实效性、连续性和系统性，加强创业培训质量管理与效果评估体系建设，强化创业培训后的创业实践指导，实现创业培训和创业服务有效衔接、统筹发展。

3.以培训技术为驱动，模式创新，资源共享。创业培训要释放各类培训主体创新活力，把握市场发展趋势，有效利用新技术、新资源，不断创新创业培训模式。依托大数据、云计算、物联网等技术应用平台，加强创业培训资源开放共享。

4.以培训机构为载体，多方参与，激发活力。鼓励和引导社会力量参与创业培训，培育政府主导规范、社会积极参与的多元化创业培训载体，吸纳优势资源，完善竞争机制，增强发展活力。

（四）创业培训核心内容

1.培养创业创新精神。通过创业培训，培养劳动者创新思维，挑战自我、坚持不懈的精神品质，诚信守法、公平竞争的商业素养，以及创造价值、服务社会的企业责任和科学的创业观。

2.培训企业开办及经营管理知识。通过创业培训，帮助学员掌握创业创新思维方法和企业开办、经营管理所需要的理论知识，培养学员系统化创业思维能力。

3.提升创业综合素质和实践能力。通过创业培训，帮助学员系统提升识别商机、确定创业项目、制订创业（企业）计划、改善企业经营管理的能力。

二、创业培训知识和能力要素

本标准根据创业和企业发展的三个不同阶段，将创业培训知识和能力要素按照创业认知、创业准备、企业运营进行界定。不同创业培训项目（或课程）可根据对应阶段，确定培训内容、学习要点和培训学时。鼓励探索与区域特色资源、战略性新兴产业以及行业技能等相结合的创业培训项目（或课程）。

（一）创业认知

1.培训对象

本阶段创业培训主要适合具有创业意愿，但尚未有具体创业项目构思的潜在创业者。

2.培训目标

（1）掌握创业认知阶段所需要的基本知识，了解不同创业阶段的发展要素和企业内涵；

（2）认知创业者应该具有的素质和能力，客观评估自己的创业能力和创业资源；

（3）运用发现及筛选创业项目的方法，提高识别商机的能力，并能产生和筛选适合自己的创业项目；

（4）激发学员的创业意识、创业热情，培养学员的创新思维及创业精神。

3. 培训内容与学习要点

（1）创业与创业精神。学习要点包括：创业的本质与创业要素、创业的阶段、企业类型及成功要素、科学的创业观、创新思维、创新创业精神。

（2）识别商机。学习要点包括：创业面临的机遇与挑战、商机的类型与特征、创新的方法与工具、商机识别。

（3）评估创业能力和条件。学习要点包括：评估创业能力（素质、技能、资源）的要素，评估创业能力，创业能力提升方案。

（4）论证创业项目。学习要点包括：创业项目产生的方法、创业项目筛选的工具、创业项目的评估方法、创业项目的风险防范。

4. 培训学时

每学时 45 分钟，不少于 24 学时。

（二）创业准备

1. 培训对象

本阶段创业培训主要适合具有创业意愿，且已有具体创业项目构思的潜在创业者。

2. 培训目标

（1）掌握创业准备阶段所需要的基本理论和知识；

（2）了解创业准备的一般步骤，掌握构建商业模式的要素，能够撰写完成，并明确管理新企业的关键工作；

（3）培养学员系统思考的能力、制订计划的能力，提升学员创业素质和创业能力；

（4）帮助学员树立科学的创业观，培养学员诚信、守法、合作、创新等创业品质。

3. 培训内容与学习要点

（1）构建商业模式。学习要点包括：产品（服务）创新性、评估市场、产品市场化分析、制订市场营销计划、组建创业团队、财务规划、风险评估。

（2）撰写创业计划书。学习要点包括：创业计划书的重要性、创业计划书的内容、创业计划书的编写步骤、创业计划书编写的注意事项。

（3）评估创业计划书。学习要点包括：企业愿景与团队创业能力、项目技术创新水平和成熟度、产品市场需求和容量、产品市场定位和竞争力、商业模式可行性和创

新性、财务计划与经济社会效益。

（4）筹办企业（企业责任/法律环境/依法经营）。学习要点包括：企业组织形式、企业法律环境与责任、企业风险防范、初创企业管理。

4.培训学时

每学时45分钟，不少于56学时。

（三）企业运营

1.培训对象

本阶段创业培训主要适合已经创办企业并实际运营（通常在6个月以上）的企业主。

2.培训目标

（1）掌握企业经营管理所需要的基本知识，建立以企业可持续发展为目标的基本的企业管理体系；

（2）掌握建立企业基本管理体系的方法，提升企业主的自我诊断和企业经营管理能力；

（3）提升管理理念，启迪商业模式创新，培养企业主社会责任感和企业家精神。

3.培训内容与学习要点

（1）市场营销管理。学习要点包括：市场调研、市场分析、竞争力分析与竞争战略、产品策略、价格策略、渠道策略、促销策略、市场营销控制管理。

（2）生产管理。学习要点包括：流程管理、竞争力和生产率、产品和服务设计质量管理、质量控制。

（3）供应链管理。学习要点包括：采购与存货管理原则、供应商管理、采购步骤、供应链的供给和需求计划、供应链库存的计划和管理、企业资源计划、供应链的定价和收入管理。

（4）人力资源管理。学习要点包括：组织文化、组织结构、岗位职责、员工招聘、员工培训、绩效管理、薪酬管理、员工安全与健康。

（5）财务管理。学习要点包括：成本核算、现金流管理、财务报告（损益表、现金流量表、资产负债表）、融资渠道。

（6）品牌建设。学习要点包括：品牌定位、品牌资产、客户拓展、媒介管理、口碑管理、品牌策略。

（7）战略管理。学习要点包括：企业发展环境分析、企业使命与战略目标、企业战略选择、战略与组织结构、战略控制。

（8）商业模式创新。学习要点包括：创新思维、创新方法、创新工具、创新成果验证。

4. 培训学时

每学时 45 分钟，不少于 56 学时。

三、创业培训组织实施要求

创业培训的组织实施是培训参与主体通过适当的培训形式和方法实现培训效果的过程，主要包括培训参与主体、培训形式和方法、培训过程管理和培训效果评估四个方面。

（一）培训参与主体

创业培训参与主体是指直接参与创业培训组织实施的人员和机构，一般包括学员、创业培训的管理者和组织实施者、培训师资。一个培训参与主体可以承担多个角色和职能。

1. 学员

学员应覆盖所有具有创业意愿和培训需求的潜在创业者和创业者。符合条件的学员可以享受相关创业培训补贴政策。各创业培训项目（或课程）应在组织实施规程中对本项目（或课程）所适用的培训学员有具体、明确要求和描述，如针对不同创业阶段或不同创业群体。

2. 培训的管理者和组织实施者

创业培训的管理者是具备相关资质，对所开展的创业培训项目（或课程）开发、管理、监督评估的机构。培训的管理者应制定所开展项目的组织实施规程，对培训活动进行管理，对培训组织实施和培训效果等进行监督和评估。培训组织实施者是按照项目组织实施规程开展创业培训活动的机构，具体承担制订培训计划、安排师资、组织学员、开班筹备、跟班服务、组织结业、全程监督评估、提供后续指导服务等任务。项目组织实施规程中应对培训实施者有具体明确的选用条件、选用流程和工作规范。

3. 培训师资

创业培训师资应具备相关职业素养和能力，最好具有企业管理经验或创业经历。各创业培训项目应在组织实施规程中对培训师资的产生条件、选用流程、选用标准有

明确的规定，并且要有师资的培训和管理办法。创业培训师资应严格按照所参与项目的组织实施规程开展创业培训和指导。

此外，部分创业培训项目（或课程）根据教学内容和技术要求，需要由组织实施者以外的技术支持方提供辅助教学的专业技术支持。需要技术支持方的创业培训项目（或课程）应在本项目的组织实施规程中对技术支持方的选用条件及流程，服务管理及评估有明确要求。

（二）培训形式和方法

根据培训对象、培训目标的实际需求，鼓励采取多种培训形式和教学方法。注重培训形式和教学方法的科学性、有效性和适用性，确保以学员为中心，为教学目标和内容服务。各创业培训项目（或课程）应在组织实施规程中详尽阐述培训形式和方法。

1. 培训形式

（1）课堂教学。鼓励小班制、互动式教学，倡导以能力建设为导向，坚持理论与实践相融合的培训理念，让学员在培训中完成真实创业任务训练。明确培训人数、场地布置、设施设备、教材教具等要求。鼓励融入沙盘演练、仿真平台训练、现场观摩等形式，提升培训效果。

（2）在线培训。通过微课、慕课、直播等形式，为学员提供在线学习和交流互动的平台。可针对不同培训对象、创业阶段等特点，提供个性化学习体验。完善在线培训平台建设，实现学习申请、问卷调查、培训管理、考核评估、资源共享、远程竞赛路演等功能。鼓励探索翻转课堂等线上线下培训相融合的培训形式。

（3）创业实训。充分利用创业孵化园、众创空间、创业见习基地等服务载体，开展创业实训或创业见习，帮助学员完成创业实践。鼓励服务载体安排创业培训师资或创业导师，对学员在完成创业实训或创业见习过程中给予相应的跟踪和指导，并对创业实训或创业见习效果进行记录和评估。

2. 培训方法

创业培训应遵循成人教学原理，采用参与式培训方法，包括讲授、示范、练习、分组讨论、案例分析、角色扮演、头脑风暴、工作坊、模拟训练、游戏体验等。鼓励探索更多有效的适用于不同培训形式的培训方法。

（三）培训过程管理

创业培训的过程管理一般包括培训对象选择、培训需求分析、培训教学组织、后续指导服务。各创业培训项目（或课程）的组织实施规程都应对培训过程管理有具体明确的要求，主要包括：

1. 培训对象选择

创业培训组织者通过标准流程和测评工具对潜在培训对象的创业意愿、创业资源条件、创业阶段或企业状态进行客观、有效的分析，最终准确筛选出真正符合所开展的创业培训项目（或课程）条件的学员，提供相应培训课程，从而确保培训质量和效果。

2. 培训需求分析

培训组织者和培训师资在培训实施前根据标准工具或通过信息技术，获取并分析学员创业真实状态和对培训预期效果。培训组织者和培训师资应充分重视培训需求分析，通过分析结果完善教学计划、保障服务和后续指导，从而提高培训满意度。

3. 培训教学组织

培训组织者在筹备和组织创业培训时所开展的具体工作，包括制订培训计划，安排教学场地（或班次），确定师资，制定预算，准备设备、教材、教具，实施教学，后勤保障服务，培训考核，培训班结业，信息收集整理和报送等。

4. 后续指导服务

培训组织者和培训师资在培训结束后，为使培训效果最大化，获得持续、稳定的学员满意度而开展的各项后续活动。后续指导服务一般以培训课程知识巩固和应用实践指导为主，并对学员的培训后创业或企业经营情况进行定期回访。有条件的培训组织者可以为学员提供开业指导和创业服务资源对接服务。

（四）培训效果评估

培训效果评估是在培训全程收集培训信息数据的基础上，按照培训标准和相应指标，对培训的整体满意度、项目适用性和最终结果进行测评。培训效果评估可以不断促进创业培训项目（或课程）的优化和改进。创业培训效果评估从多方面、多层次进行，可以分为反应评估、学习评估、行为评估、结果评估四个方面。各创业培训项目（或课程）的组织实施规程都应对培训效果评估有明确要求。

1. 反应评估

通过反应评估了解学员对创业培训项目（或课程）的主观感受，包括对培训内容、培训设施（平台）、培训师资、培训方法和保障服务的满意程度。反应评估可以在培训中和培训后通过学员问卷调查或座谈交流等方式进行，也可以通过信息技术收集学员课程反馈信息。

2. 学习评估

通过学习评估了解学员在知识、技能、态度、行为方面的收获。此项可以用认知成果来衡量学员对创业培训项目（或课程）应知应会内容的熟悉程度。学习评估可利用理论知识测试、实践任务评定、创业计划书评估等方式进行。

3. 行为评估

通过行为评估评测学员在培训中所学到的知识技能的转化程度，即学员培训后的创业或企业经营行为是否得到有效改善，一般包括知识技能在实践过程中应用、创办企业及经营管理能力提升程度等，可以在对学员的后续跟踪指导过程中通过观察、访谈、问卷等方式进行评估。

4. 结果评估

结果评估是对创业培训后学员产品（或服务）创新成果、创业能力是否提升，能否实现创业，企业经营绩效能否改善等方面的评价，一般以培训后企业创办率、企业稳定率及企业改善扩大绩效为主要指标，并通过访谈、问卷、统计调查、信息数据比对分析等形式开展。有条件的培训项目（或课程）可以设定创业培训工作成果、学员创业就业素质能力提升等多层次的结果评估指标。

四、附例

本部分主要以人力资源社会保障部开展的马兰花中国创业项目中的"创办你的企业"培训课程为例，从知识和能力要素、培训组织实施要求两个方面对照标准。

"创办你的企业"培训课程前身是国际劳工组织开发的"创办和改善你的企业（Start and Improve Your Business，SIYB）"培训项目系列课程之一。该培训项目针对创办和经营企业的不同阶段开发四个课程模块：

——"产生你的企业想法"（Generate Your Business Idea，GYB）

——"创办你的企业"（Start Your Business，SYB）

——"改善你的企业"（Improve Your Business，IYB）

——"扩大你的企业"（Expand Your Business，EYB）

按照标准要求，"创办和改善你的企业"培训项目在实际推广中应制定本项目的组织实施规程。

（一）创业培训知识和能力要素

"创办你的企业"培训课程对应的是本标准的知识和能力要素中的创业准备阶段。

1. 培训对象

本课程主要适合具有创业意愿，且已形成具体创业项目构思的潜在创业者。

2. 培训目标

通过八步的学习使学员知道如何将自己的企业构思变成一个具有可行性的创业计划书，并了解和掌握创办一家微小型企业所需的基本知识和技能。

3. 培训内容与学习要点

（1）评估你的市场：了解你的顾客、了解你的竞争对手、制订你的市场营销计划、预测你的销售量。

（2）企业的人员组织：企业的人员组成、确定岗位职责、设计组织结构、企业员工招聘。

（3）选择你的企业法律形态：什么是企业法律形态、小微企业常见的法律形态及特点、选择合适的企业法律形态。

（4）了解企业的法律环境和责任：了解企业的法律环境、明确承担的企业责任、选择企业的商业保险。

（5）预测你的启动资金：启动资金的分类、投资预测、流动资金预测。

（6）制订你的利润计划：制定销售价格、预测销售收入、制订销售与成本计划、制订现金流量计划；资金来源。

（7）判断你的企业能否生存：完成你的创业计划书、创办企业的决定、制订开办企业的行动计划。

（8）开办你的企业：了解企业日常活动、建立企业开办和经营管理意识。

4. 培训学时

每学时45分钟，共计56学时。

（二）创业培训组织实施要求

1. 参与培训主体

（1）学员。主要面向有创业意愿，且已有具体创业项目构思的潜在创业者。特别是高校毕业生、农村转移劳动力、复转军人等就业困难群体。

（2）培训管理者和组织实施者。各地人力资源社会保障系统创业培训主管部门为该项目的培训管理者，按照项目组织实施规程要求的条件和流程选择创业培训机构作

为组织实施者，并对培训全程监督评估。创业培训机构应按照组织实施规程，具体承担制订培训计划、组织学员、开班筹备、跟班服务、组织结业、全程监督评估、提供后续指导服务等任务。

（3）培训师资。"创办你的企业"培训课程的培训师资是参加由人力资源社会保障部门统一组织的"创办你的企业"培训课程师资培训，并通过考核的人员。培训师资应严格按照该项目组织实施规程开展创业培训和指导。

2. 培训形式和方法

"创办你的企业"培训采取小班课堂教学，每班不超过30人。教学采用全程互动式参与、沙盘演练，以及讲授、示范、练习，以及分组讨论、案例分析、角色扮演等多种培训方法。

3. 培训过程管理

（1）课程推介。通过线上、线下的各种有效宣传推介方式，向潜在的培训目标群体推介"创办你的企业"培训，从而吸引其关注并产生参加培训的意愿。

（2）选择并确定学员。课程推介后，培训机构利用《学员入学登记表》等专业工具表单，根据选择学员的标准和流程，结合潜在培训对象的培训意愿和创业能力，筛选出能够从"创办你的企业"培训中受益的群体。

"创办你的企业"选择学员标准：

1）有强烈的创业意愿，并有具体创业项目构思，准备创办企业；

2）具备参加培训的条件（如基本的读写计算能力）；

3）全程参与培训的时间保障。

（3）培训需求分析。培训师资通过面试及培训需求调查问卷，分析学员的培训目标和需求，从而更有针对性地设计课程，制订教学计划。同时，培训师资应与培训机构及时沟通，确保培训组织和后勤保障提供相应服务。

（4）培训教学组织。

1）场地设备：便于移动的桌椅呈"U"字形摆放，投影仪、幕布、白板、话筒、笔记本电脑等；

2）教材教具：学员每人一套《创办你的企业》教材（中国劳动社会保障出版社2017年出版的《创办你的企业：创业计划培训册（第二版）》）；每班一套《创办和改善你的企业游戏模块包》；教具按照标准物料清单准备。

3）师资安排：每班由两名"创办你的企业"认证师资共同授课。

4）培训考核：对于违反考勤要求的学员建议取消考核机会。考核时要求每位学员提交自己项目的《创业计划书》。通过考核的学员可获得"创办你的企业"培训合格证书。

（5）后续指导服务。培训结束后，为使培训效果最大化，并取得持续稳定的学员满意度，培训机构和培训师资将对学员开展后续指导服务，包括：

1）为学员提供企业诊室、改善企业小组、个人咨询等后续支持服务，促进学员理论向实践的转化。

2）组织创业沙龙、创业大讲堂等活动；推荐学员参加适用的其他创业培训课程；为学员对接或提供孵化、融资等各类创业服务。

4. 质量控制及效果评估

为保证培训开展的质量和效果，培训主体需要利用专门的工具表单进行涵盖培训前、培训中和培训后全过程的监督与评估。"创办你的企业"课程培训效果评估包括反应评估、学习评估、行为评估、结果评估四个方面。

（1）反应评估。培训中通过每日意见反馈表、期末评估表等工具表单以及日常的观察、沟通收集学员对培训内容、培训形式、培训保障等方面的理解和反馈。

（2）学习评估。为了解学员在态度、知识、技能、行为方面的收获，撰写《创业计划书》和《行动计划》，以及培训结业总结等进行学员学习效果的评估。

（3）行为评估。评测学员在培训中所学到的知识技能的转化程度，以及在创业和企业经营实践中的应用两个方面，通过提供电话回访、实地走访、重点学员案例收集等形式，评测学员在培训中所学到的知识技能的转化应用程度，并通过创业培训后续支持服务活动报告的填写来完成行为评估。

（4）结果评估。创业培训班的结果评估是各地人力资源社会保障部门创业培训管理机构采取的最终评估方式，一般在学员培训后一年内通过访谈、问卷、数据调查等形式收集学员创新创业能力提升程度、企业创办率、用工人数、企业稳定率、企业财务状况等相关指标，经分析评估，得出创业培训的实际效果。

关于印发《马兰花中国创业培训项目组织实施规程（试行）》等技术文件的通知

中就培发〔2020〕7号

各省、自治区、直辖市及新疆生产建设兵团人力资源社会保障厅（局）创业培训主管部门：

  为规范马兰花中国创业培训项目的组织实施工作，提升创业培训管理服务水平，贯彻落实《人力资源社会保障部关于实施职业技能提升行动创业培训"马兰花计划"的通知》（人社部函〔2020〕109号），经研究，制定《马兰花中国创业培训项目组织实施规程（试行）》《马兰花中国创业培训项目师资管理指南》《马兰花中国创业培训项目培训机构管理指南》《马兰花中国创业培训项目证书管理指南》。现印发给你们，请认真遵照执行。

中国就业培训技术指导中心
2020年12月4日

马兰花中国创业培训项目组织实施规程（试行）

第一章 总 则

  第一条 为规范"马兰花中国创业培训项目"（以下简称马兰花创业培训）的组织实施工作，根据《创业培训标准（试行）》，结合各地实际，制定本规程。

  第二条 马兰花创业培训是人社部门面向有创业意愿和培训需求的城乡各类劳动者开展的示范性创业培训，重点面向高校学生、各类职业院校（含技工院校）学生、农村转移就业劳动者、返乡入乡创业人员、乡村创业致富带头人、小微企业主、个体工商户、退役军人、贫困家庭子女、贫困劳动力、城乡未继续升学初高中毕业生、离校2年内未就业高校毕业生、下岗失业人员、转岗职工、残疾人、即将刑满释放人员等就业重点群体开展政策补贴性培训。

第三条 马兰花创业培训遵循以下原则：

（一）促进创业，带动就业。马兰花创业培训注重提升劳动者创业能力，通过提供培训和后续服务，提高创业实践率、创业成功率和企业稳定率，从而实现带动就业效果。

（二）总结继承，创新发展。马兰花创业培训以国际劳工组织引进的培训课程为基础，结合中国国情和发展趋势，自主开发新课程，持续探索新模式，完善创业培训技术体系。

（三）强化标准，统筹管理。马兰花创业培训坚持统一标准、统一课程、统一教材、统一师资，建立部、省、市、培训机构四级实施管理体系，健全管理机制，提高培训质量，提升服务手段。

第四条 马兰花创业培训的特点：

（一）任务导向，互动教学。马兰花创业培训以创业任务为导向，倡导小班授课，互动式教学。通过成人教学方法技巧的应用，探索线上线下融合的培训技术，引导学员在培训教学和实践活动中完成创业任务。

（二）分类培训，强化指导。马兰花创业培训根据创业不同阶段、不同群体等特点，提供有针对性的培训课程及后续服务，学员可根据个性化需求自主选择。

（三）质量监控，持续发展。马兰花创业培训重视品牌建设和可持续发展，通过培训周期管理和质量监督评估体系，加强创业培训的全过程监督及培训效果评估。

第五条 本规程适用于各地人社部门开展马兰花创业培训实施管理工作。各地人社部门创业培训主管部门（以下简称创业培训主管部门）应结合本地实际，制定马兰花创业培训实施管理细则。

第二章 组织管理

第六条 马兰花创业培训由各级创业培训主管部门组织管理。人力资源社会保障部负责相关政策制定及整体工作推动；中国就业培训技术指导中心（以下简称部中心）负责项目组织实施、管理标准制定、技术开发推广、师资队伍建设、主题活动组

织等。省、市级创业培训主管部门分别按照各自职责负责本地区政策制定落实、管理办法制定、培训计划制定，师资培训管理、培训机构选择评估、培训证书管理、培训监督评估及补贴经费管理等。

第七条 马兰花创业培训的培训机构主要承担创业培训及后续服务的具体组织实施工作。马兰花创业培训的师资包括创业培训培训师和创业培训讲师，主要承担各类培训的教学及培训后续指导。

第八条 各地创业培训主管部门应逐步建立完善创业培训管理制度和管理服务体系，并适应数据时代技术发展。

第三章 培训内容

第九条 马兰花创业培训从激发创业意识、提升创业能力、稳定企业经营三个方面为劳动者提供创业培训和指导服务，从而培养劳动者创业创新精神，传授企业开办及经营管理知识，提升创业综合素质和实践能力。通过课程库建设，面向不同创业阶段和创业群体，提供有针对性的培训课程。

第十条 马兰花创业培训依托"创办和改善你的企业（SIYB）""网络创业培训"以及后续陆续开发培训课程，为各类群体和各创业阶段提供相适应的培训指导服务。创业初期人员可参加"产生你的企业想法（以下简称GYB[①]）""创办你的企业（以下简称SYB）""网络创业（以下简称网创）"等培训，提升项目选择、市场评估、资金预测、创业计划等能力；已经创业人员可参加"改善你的企业（以下简称IYB）""扩大你的企业（以下简称EYB）"等培训，健全管理体系，制定发展战略，稳定企业经营，扩大就业岗位。

第十一条 马兰花创业培训还针对高校学生、职业院校（含技工院校）学生、返乡入乡创业者、乡村创业带头人、退役军人、残疾人等就业重点群体提供满足群体个性化特点和需求的培训课程。

---

① GYB、SYB、IYB、EYB、WLC 分别为"产生你的企业想法""创办你的企业""改善你的企业""扩大你的企业""网络创业培训"的课程代码，各地可在课程目录制定、管理平台建设、证书编码时使用。后续如有增补课程（代码），可在中国就业网创业培训栏目下载。

第四章 组织实施

第十二条 马兰花创业培训依据各课程技术要点进行组织实施工作,包括宣传推介、学员选择(师资面试筛选)和培训需求分析、培训组织及后续服务。

第十三条 各级创业培训主管部门和培训机构应充分发挥各类宣传媒介和新媒体平台作用,组织形式多样的宣传推介活动,广泛宣传创业扶持政策、创业培训产品、创业典型事迹等,形成鼓励创业、支持创业、全民创业的社会氛围。通过强化培训质量效果,树立马兰花创业培训品牌和口碑。

第十四条 学员培训前培训机构和培训讲师应进行学员选择,客观分析学员创业意愿和企业情况,帮助学员选择适合的培训课程;讲师培训前主办单位和授课培训师要对申请讲师进行筛选面试,确保符合条件的讲师参加培训;培训师培训前部中心统一组织遴选等活动对培训师进行选拔。培训机构和授课师资要进行培训需求分析,了解参训学员和参训师资的资源条件及培训预期。

第十五条 培训组织包括制定计划、组织报名、场地设备、确定师资、制定预算、教材教具、开班结业、组织教学、服务保障、组织考核、信息报送及证书核发等。

第十六条 学员培训后要对学员创业或企业经营情况进行定期跟踪回访和后续指导,并对接创业担保贷款、创业孵化等各类创业服务;讲师培训及培训师培训后应组织提高培训、研讨交流、师资大赛等活动,使讲师不断拓展授课课程,提升授课水平,提高指导能力。各级创业培训主管部门可将有能力的创业培训讲师、培训师纳入本地创业导师库,有条件的地区可参照技能大师工作室做法,鼓励创业培训师资建立创业指导工作室。

第五章 监督评估

第十七条 各地创业培训主管部门应建立监督评估管理体系,依托马兰花创业培训监督评估工具,对培训过程进行监督,并通过学员满意度、创业实践率、创业成功率、企业稳定率、就业带动率等对培训效果进行评估。有条件的地区可建立信息化管理系统,并与部中心创业培训技术服务管理平台对接,实现互联互通、数据共享。

第十八条 各地创业培训主管部门根据《马兰花中国创业培训项目培训机构管理指南》进行培训机构的选择、监督和评估,并实行目录清单管理,建立退出机制。

第十九条　各地创业培训主管部门应根据《马兰花中国创业培训项目师资管理指南》对创业培训师资进行培训和管理。通过多种形式的培训及后续服务，提高师资授课指导能力。建立创业培训师资奖惩制度。

第二十条　各地创业培训主管部门应根据《马兰花中国创业培训项目证书管理指南》加强创业培训证书管理，结合本地实际制定相关办法，并提供证书查询等便利服务。

第二十一条　各级创业培训主管部门要指导培训机构按当地有关要求规范资金收支管理。针对财政补贴经费，要健全管理制度，明确监管主体，强化使用监管。实现培训人员全实名，培训资金全记录，确保资金使用安全规范，提高资金使用效益。

第六章　附　　则

第二十二条　本规程由部中心负责解释。

第二十三条　本规程自公布之日起施行。

马兰花中国创业培训项目培训机构管理指南

第一章　总　　则

第一条　为明确马兰花中国创业培训项目培训机构（以下简称培训机构）职责，提升培训机构服务水平，制定《马兰花中国创业培训项目培训机构管理指南》（以下简称指南）。

第二条　指南中的培训机构由当地人力资源社会保障部门创业培训主管部门（以下简称创业培训主管部门）进行管理，并根据当地职业培训机构管理要求进行培训机构选择、监督和评估。

第二章　培训机构的主要职责

第三条　培训机构的主要职责有以下几个方面：

（一）项目推介。培训机构要通过各类媒介、新媒体平台及线下活动，宣传就业创业政策，推介课程服务产品。

（二）品牌宣传。培训机构要树立品牌意识，在机构场所内部及各类培训、活动现场，通过张贴宣传画、发放宣传册及宣传品等形式，宣传项目品牌。要规范服务行为，维护品牌形象，通过高质量培训，赢得学员和社会认可。

（三）计划制定。培训机构应按照本地创业培训工作安排，制定本机构年度、月度培训计划，并根据计划合理做好课程推介、报名通知、学员组织、师资协调、资金安排等。

（四）学员选择。学员选择是保障培训效果的重要前提，培训机构应组织讲师根据学员创业情况及培训意愿，按照条件要求和标准流程，帮助学员选择适合的课程。

（五）培训需求分析。培训需求分析是提高满意度的重要保证。培训机构和讲师应对学员信息进行分析和简短面试，了解其知识能力水平、培训意愿及特殊需求。

（六）培训组织。培训机构应严格按照各课程技术要点做好开班筹备、跟班服务、结业组织、台账登记、信息提交等工作。培训机构要与授课讲师及时沟通，了解课程安排、场地设备、教材教具要求等。应安排专人跟班，并根据每日意见、中期评估等反馈信息完善服务。要配合授课讲师做好培训考核，并按创业培训主管部门要求申请并及时发放证书。

（七）后续服务。培训机构应组织讲师对学员创业或企业经营情况进行定期跟踪回访和后续指导，也可组织沙龙讲座等活动，并为学员对接创业贷款、创业孵化等创业服务。

（八）监督评估。培训机构应运用监督评估工具，收集全过程数据，分析培训活动信息。

第三章　培训机构的基本条件

第四条　培训机构应具备的基本条件：

（一）以促进中小微企业发展为使命。培训机构长远目标和当前任务应明确以创业者为目标群体，并提供有针对性的培训服务产品。培训机构管理者应充分了解马兰花创业培训，对高质量的培训服务和项目持续发展具有承诺。

（二）具备培训服务所需的内部管理体系。培训机构应具有相应的管理制度、工作条例及管理人员，并建立内部监督和管理体系，对培训服务信息数据进行收集、统

计和分析，客观反映培训机构能力范围和服务水平。

（三）具有培训服务所需的技术保障。培训机构应具有符合技术要点要求的培训场地和设备设施。每个课程至少聘用两名持有该课程讲师培训证书的专（兼）职讲师。

（四）具有提高培训效果的渠道资源。培训机构应通过提供开业指导、组织创业者沙龙、开展改善企业培训等，加强创业培训后续服务，并与创业贷款、创业融资、创业孵化、创业咨询等方面的机构和专家建立联系，丰富后续服务内容，提升培训服务效果。

第四章 培训机构的管理

第五条 创业培训主管部门应按照当地有关要求进行培训机构选择。组织培训机构选择时应明确选择条件和选择流程。选择条件具体可包括机构资质、场地设备、培训师资、管理规范、服务专家等软硬件条件；选择流程通常为公告、申请、审核、公示、公布、签约等。要将创业培训机构纳入职业培训目录清单予以公布，方便劳动者查询。

第六条 创业培训主管部门应对选定的培训机构开展培训服务工作进行过程监督。加强对承担财政经费补贴培训的培训机构的管理，实现培训机构全覆盖，培训人员全实名，培训资金证书全记录，培训过程可追溯，培训质量可监控。

第七条 创业培训主管部门应按当地有关要求进行培训机构评估。可安排管理人员和创业培训师等共同参与。组织培训机构评估时要明确评估时限、评估指标和评估流程。

评估指标可包括项目课程推介形式及效果、开展课程数、年度培训班次数、年度培训学员数、年度专兼职师资数、后续服务形式及效果、年度后续服务人员数、开展创业培训监督评估形式及效果、年度培训预算及来源、年度资金使用情况、年度证书发放情况、年度学员满意度、年度学员创业实践率、创业成功率、企业稳定率及就业带动率等。

评估流程通常为通知、申请、审核、公示和公布。有条件的地区，在评估审核时应进行实地考察，通过查看台账资料及培训班现场、电话回访学员、核验本地创业培训管理系统数据等，确保评估结果公平有效。对未通过评估的培训机构应按照当地有关要求处理，建立退出机制。

第五章 附 则

第八条 各级创业培训主管部门可根据本指南制定本地区的培训机构管理办法或管理细则。

第九条 本指南由部中心负责解释。

第十条 本指南自印发之日起施行。

马兰花中国创业培训项目师资管理指南

第一章 总 则

第一条 为明确创业培训师资职责，规范创业培训师资管理，制定《马兰花中国创业培训项目师资管理指南》（以下简称指南），分别对讲师的职责、培训及管理，对培训师的职责、选拔和培训及管理进行规范。

第二条 指南中的创业培训师资主要指承担马兰花中国创业培训项目教学工作的人员，包括创业培训讲师（以下简称讲师）和创业培训培训师（以下简称培训师）。

第三条 讲师是指参加讲师培训并通过考核，取得中国就业培训技术指导中心（以下简称部中心）或地方人力资源社会保障部门创业培训主管部门（以下简称创业培训主管部门）核发的《创业培训讲师培训合格证书》[①]的人员，主要承担学员培训授课任务及其他创业培训工作。讲师管理由各级创业培训主管部门负责。

第四条 培训师是指通过部中心组织的培训师选拔及培训，取得由部中心核发的《创业培训培训师证书》的人员，主要承担讲师培训授课任务及其他创业培训工作。培训师的日常管理由各级创业培训主管部门负责。

---

① 根据《关于创业培训证书发放管理工作有关事宜的通知（中就培函〔2017〕23号）》通知要求，自2017年7月1日始，各省（自治区、直辖市）创业培训主管部门具体负责本省（区、市）的创业培训证书（含学员证书和讲师证书）的印制、核发、保存等管理工作。

第二章 讲师职责

第五条 讲师应履行以下职责：

（一）遵守法律法规和职业道德，为人师表。

（二）尊重学员，服务学员，关心学员，努力促进学员能力提升。

（三）积极宣传创业政策，维护和推广马兰花创业培训品牌，促进马兰花创业培训持续创新发展。

（四）服从当地创业培训主管部门管理，严格按照课程技术要点承担创业培训授课任务，做好后续服务及监督评估。

（五）积极为当地创业培训活动提供技术支持。

（六）虚心钻研，认真总结，勇于创新，加强知识能力和职业修养的持续内化和提升。

各级创业培训主管部门可结合实际在上述职责基础上赋予讲师其他相应职责。

第六条 讲师承担学员培训授课任务的具体要求：

（一）服从当地创业培训主管部门选派，积极承担学员培训授课任务。各级创业培训主管部门应对讲师每年承担授课任务次数及质量提出具体要求。

（二）与培训机构及合作讲师沟通，做好课程推介、学员选择、培训需求分析、授课分工及培训准备工作。

（三）严格按照技术要点开展学员培训，运用监督评估工具做好培训过程的信息收集和意见反馈。

（四）培训结束后按当地创业培训主管部门要求，与培训机构共同做好资料存档及报送工作。

（五）做好参训学员创业培训后续跟踪和指导服务。

各级创业培训主管部门应对讲师承担其他相应任务职责提出相关要求。

第三章 讲师培训

第七条 讲师培训是由各级创业培训主管部门对符合条件的人员组织的培训活动，包括SYB（含GYB）、IYB、EYB和网创等课程的讲师培训。省级创业培训主管部门每半年向部中心报备一次讲师培训计划。

第八条 申请讲师培训的条件：

（一）遵守法律法规，身体健康，思想品德和职业素养高尚，热爱创业培训，执行创业培训规范标准，具备较强的学习、沟通、合作等综合能力。

（二）大学本科及以上学历或中级以上专业技术职称，有创业经历者可适当放宽要求。

（三）GYB、SYB、IYB 讲师有成人教学经验或有创业、企业管理经历、经济学或管理学相关专业背景者优先。EYB 讲师需具备创业或企业管理经验或经历。网创讲师须持有 SYB 讲师培训合格证书，掌握互联网操作技能，电子商务相关学习背景或互联网创业、从业者优先。

（四）承诺能够服从当地创业培训主管部门选派，承担学员培训授课任务及创业培训相关工作。

各级创业培训主管部门可结合实际情况在上述条件基础上进行条款增补。

第九条 各级创业培训主管部门应组织申请参加讲师培训的人员填写《创业培训讲师培训申请登记表》，并进行初审。创业培训主管部门与授课培训师对通过初审人员进行面试筛选。面试得分低于 60 分者被淘汰；高于 60 分者将按照分数由高到低录取，直至培训班满额。

第十条 讲师培训应按标准课程表组织培训，时长不少于 10 天或 80 课时，每期不超过 30 人。培训结束前组织笔试和试讲等考核，并参考出勤率综合评定。综合评定成绩合格者取得由当地人社部门核发的《创业培训讲师培训合格证书》，并可承担学员培训授课任务。讲师只能承担已取得证书的课程的授课任务。取得证书的讲师纳入部中心创业培训师资库。

第十一条 各级创业培训主管部门可根据讲师实际需求组织讲师提高培训、研修观摩等活动，使讲师不断拓展授课课程，提升授课水平。讲师提高培训纳入讲师培训管理，统一向部中心报培训计划和申请，每期不超过 30 人，时间不少于 3 天或 24 课时。讲师提高培训应面向承担至少 3 期学员培训授课任务的讲师，授课培训师应至少承担 2 次讲师培训班授课任务。其他形式的提高活动可由各级创业培训主管部门根据本地讲师实际需求自行策划组织。

第四章 讲师管理

第十二条 各级创业培训主管部门负责讲师选派工作，根据培训机构提出的学员培训申请，选派 2 名讲师共同承担授课任务，并对讲师选派原则、选派流程、课酬标准等进行明确规定。

第十三条 各级创业培训主管部门应建立讲师档案，及时记录讲师承担培训任务及后续服务等工作情况，并通过讲师选评等方式开展讲师评估考核。

第十四条 各级创业培训主管部门应将有能力的讲师纳入本地创业导师库。有条件的地区可参照技能大师工作室做法，支持有资源、有能力的讲师建立创业指导工作室，为创业实践提供后续服务。

第五章　培训师职责

第十五条 培训师在讲师职责基础上还应履行以下职责：

（一）服从部中心及当地创业培训主管部门选派和管理，严格按照各课程技术要点承担创业培训学员培训及讲师培训授课任务，并做好后续服务及监督评估。

（二）为国家及地方组织开展各类创业培训服务活动提供技术支持。

第十六条 培训师承担讲师培训授课任务的具体要求：

（一）接受部中心统一选派，承担讲师培训授课任务。

（二）与主承办单位和合作培训师及时沟通，做好讲师筛选面试、培训需求分析、授课分工及培训准备工作。

（三）严格按照课程技术要点要求开展讲师培训，运用监督评估工具做好培训过程的信息收集和意见反馈。

（四）培训结束后按时向部中心提交讲师培训活动报告和成绩单，指导主承办单位按时向部中心提交培训师授课意见反馈表、讲师证书信息等。

（五）对培训过的新讲师提供 3 次以上的咨询指导、疑难解答等后续指导服务。

第十七条 培训师在其他创业相关工作中承担任务，应严格遵守国家法律法规、职业道德规范及创业培训标准要求。

第六章　培训师选拔和培训

第十八条 培训师选拔是由部中心对各地按要求推荐的讲师统一组织的遴选活动，包括 SYB（含 GYB）培训师选拔、IYB 培训师选拔、EYB 培训师选拔和网创培训师选拔等。

（一）参加培训师选拔的条件：

1. 遵守法律法规，身体健康，具有较高的思想品德和职业素养，热爱创业培训，执行创业培训标准，具备较强的学习、沟通、合作等综合能力，有创业、企业管理经历、成人教学经验者或相关专业背景优先。

2. 取得部中心或地方人社部门核发的《创业培训讲师培训合格证书》两年以上。

3. 熟悉创业培训课程内容和技术要点，具有不少于5次某一课程的学员培训授课经历，完整讲授过该课程学员培训所有课程内容，学员满意度平均在2.8分以上（3分满分）。

4. 承诺能够服从部中心及所属地区创业培训主管部门选派，承担讲师培训授课任务及其他创业培训工作，且身体、工作等条件可满足长时间本（异）地授课需求。

部中心可结合实际情况在上述条件基础上进行调整。

（二）培训师选拔的流程：

1. 推荐。省级创业培训主管部门按要求及分配名额推荐参加选拔的讲师。分配名额主要依据各地现有培训师数及活跃度、现有讲师数、组织讲师培训班数等指标。各省级创业培训主管部门应组织初选，并对拟推荐人员进行公示和公布。各省级创业培训主管部门可优先推荐全国创业培训讲师大赛获奖或创业培训工作贡献突出的讲师。

2. 初审。部中心将对各地推荐的讲师进行初审，确保符合选拔条件。

3. 选定专家。部中心将结合选拔活动对应的课程选定命题专家和评审专家。专家需取得部中心核发的《创业培训培训师证书》两年以上，承担某一课程讲师培训班授课任务累计10次以上，并长期从事创业培训工作，授课经验丰富。每个选拔环节至少设置1名命题专家，评审专家按每个评分模块至少设置2人。

4. 选拔。参加SIYB培训师选拔需通过笔试、试讲、综合表现的选拔，参加网创培训师选拔需通过笔试、试讲、实操、综合表现的选拔。各环节成绩按占比加权后得出最终成绩，根据成绩排名，按比例晋级培训师。对于符合国家重点支持地区、人群的讲师，可酌情给予一定倾斜。部中心在选拔前正式公布选拔流程、晋级比例等相关要求。

5. 现场公布。选拔结束后由工作人员按照最终成绩排名现场宣读并公示晋级培训师名单，未晋级人员成绩一并通知。

第十九条 培训师培训是由部中心对通过培训师选拔或在全国创业培训讲师大赛胜出的人员统一组织的培训活动，包括SYB（含GYB）、IYB、EYB和网创等课程的培训师培训。培训师培训每期不超过 30 人，时间不少于 10 天或 80 课时。培训结束前应组织笔试、试讲等考核，成绩合格者由部中心核发《创业培训培训师证书》，并选派承担讲师培训授课任务。培训师只能承担已取得证书的课程的授课任务。部中心根据实际需求，适时组织培训师提高培训、研修交流等活动。

第七章 培训师管理

第二十条 培训师承担部中心选派的工作任务由部中心负责管理；承担其他创业培训工作及日常活动由所属地区创业培训主管部门负责管理。

第二十一条 部中心按照以下流程和要求选派培训师：

（一）培训师选派流程：

1. 地方初步推荐。讲师培训主办单位提交申请时可推荐授课培训师，也可根据实际情况提出需求，如地域交通、擅长领域、教学经验等。

2. 征求选派意见。部中心根据主办单位推荐意见及实际需求，坚持课程匹配、学情匹配、档期匹配、以老带新、能力优先、利于交流、兼顾公平等原则，每期培训班选派 2 名培训师承担授课任务。部中心向拟选派培训师征求意见。

3. 下发选派通知。部中心根据培训师反馈意见，向培训师下发《派遣任务书》，向讲师培训主办单位下发《派遣任务通知书》。

（二）培训师选派要求：

1. 培训师收到《派遣任务书》后方可执行授课任务，否则视为违规，日后将不予选派。

2. 培训师收到《派遣任务书》后，因合理原因或不可抗力因素无法承担授课任务，应第一时间告知部中心。部中心根据主办方提交的延期或取消申请，酌情重新选派培训师并另发派遣通知。

3. 培训师无特殊原因连续 2 年不接受选派，或收到《派遣任务书》后擅自不执行任务，或执行任务中无故缺课或离开培训地 1 天以上，将暂停选派。培训师若需重新承担授课任务，应报请省级创业培训主管部门同意后至少完成 1 次讲师培训班（前 5 天）跟听任务。

第二十二条 培训师完成讲师培训任务可领取课酬，课酬标准参考主办单位所在地的有关规定及市场标准。培训师异地教学或市内教学距离较远的，除按规定支付课酬外，主办单位还应免费提供食宿和交通，或参照培训所在地有关标准给予相应补贴。

第二十三条 部中心通过创业培训技术服务管理平台对培训师执行任务进行监督评估。培训师每年11月30日前向部中心提交全年工作总结。

第二十四条 培训师凡有下列情况，一经查实，根据事实、性质、情节、影响程度，按执行任务归属，由部中心或地方创业培训主管部门予以谈话提醒、暂停选派等处理：

（一）不按技术要点执行授课任务，并造成教学事故，产生不良影响；

（二）主观故意抬高课酬、收受培训机构或学员贿赂，舞弊违反技术规程；

（三）无法胜任教学任务，讲师培训班期中评估中个人授课满意度平均分低于3分；

（四）其他违反组织实施规程等行为。

第二十五条 培训师凡有下列情况，一经查实，予以取消培训师资格处理：

（一）违反国家法律法规，并被司法机关追究刑事责任；

（二）违反社会公序良俗，违反职业道德，影响恶劣。

第二十六条 部中心优选业务能力强、师德口碑好的培训师进入创业培训专家库，参与新技术开发、活动策划、项目评审等工作。

（一）优选入库的条件：

1. 思想品德和业务能力突出，了解国家相关大政方针，精于先进培训方法技术，具有较强的创新能力和丰富的实战经验。

2. 积极为国家和地方创业培训工作提供技术支持，参与过省级以上创业培训主管部门组织的技术开发、活动策划、活动组织、技术评审等工作，且各方满意度高。

（二）优选入库的流程：

1. 推荐。省级创业培训主管部门推荐符合条件培训师填写《创业培训专家库申请表》，并提交相关材料。

2. 选用。部中心依据公开公平公正、兼顾平衡的原则，结合入库人员不同专长领域及覆盖层面，选出参与技术开发、活动策划、技术评审等不同工作类别的专家。

3. 评估。创业培训专家库采取动态管理。部中心在组织相应工作时对专家表现进行评估，根据评估结果在征求省级创业培训主管部门意见基础上调整更新专家库名单。

第八章　附　　则

第二十七条　各级创业培训主管部门可根据本指南制定本地区创业培训师资管理办法或管理细则。

第二十八条　本指南由部中心负责解释。

第二十九条　本指南自印发之日起施行。

马兰花中国创业培训项目证书管理指南

第一章　总　　则

第一条　为规范马兰花中国创业培训项目证书（以下简称证书）管理，维护证书严肃性和权威性，制定本指南。

第二条　本指南的证书包括：创业培训学员培训合格证书（以下简称学员培训证书）、创业培训讲师培训合格证书（以下简称讲师培训证书）和创业培训培训师证书（以下简称培训师证书）。

（一）学员培训证书是参加人社部门创业培训主管部门（以下简称创业培训主管部门）组织的马兰花创业培训且培训合格取得的凭证，是享受财政培训补贴等优惠政策的依据。

（二）讲师培训证书是参加讲师培训且考核合格的凭证，由当地创业培训主管部门核发[①]，是讲师承担学员培训授课任务的基本条件。

（三）培训师证书是参加中国就业培训技术指导中心（以下简称部中心）组织的培训师培训且考核合格的凭证，由部中心核发，是培训师承担讲师培训授课任务的基本条件。

第三条　创业培训机构要对培训质量负责，创业培训主管部门要对培训质量进行监督管理，在保证培训质量的前提下，本着"谁发证、谁负责"的原则，学员培训证

[①] 根据《关于创业培训证书发放管理工作有关事宜的通知》（中就培函〔2017〕23号），自2017年7月1日起讲师培训证书由各省级创业培训主管部门自行组织印发及管理。此前部中心按规定核发的讲师培训证书仍有效。

书、讲师培训证书的管理工作由各级创业培训主管部门负责；培训师证书的管理工作由部中心负责。

第四条　为方便管理和查询，证书实行统一内容、统一样式、统一编码规则。逐步建立完善证书查询系统，实现数据信息互联互通。

第二章　证书内容、样式及编码规则

第五条　证书内容包括学员（讲师、培训师）个人信息、培训信息和证书信息。

（一）学员（讲师、培训师）个人信息包括姓名、身份证号；

（二）培训信息包括培训时间、培训课程、培训机构和培训结果；

（三）证书信息包括发证机构（含发证机关印）、证书序列号和证书编号。

第六条　证书参考样式（附件1~3）可在中国就业网创业培训栏目下载。

第七条　证书编码规则包括证书序列号和证书编号。

（一）学员培训证书编码规则

1. 证书序列号：印在证书左下角，即第1~2位为本省行政区划代码；第3~10位为顺序号。如北京市学员培训证书的序列号为110000000X。

2. 证书编号：印在证书正文下方中间位置，即第1~2位为本省行政区划代码；第3~6位为市（区县）行政代码；第7~12位为培训班年月代码；第13~15位为课程代码；第16~20位为顺序号。如河北省石家庄市2020年5月SYB学员培训班，其学员培训证书编号为131000202005SYB0000X。

（二）讲师培训证书编码规则

1. 证书序列号：一律印在证书左下角，即第1~2位为本省行政区划代码；第3~8位为顺序号。如内蒙古自治区讲师培训证书的序列号为1500000X。

2. 证书编号：一律印在证书正文下方中间位置，即第1~2位为本省行政区划代码；第3~6位为市（区县）行政代码；第7~12位为培训班年月代码；第13~15位为课程代码；第16位为讲师身份代码"T"；第17~20位为顺序号。如山西省太原市2020年7月网络创业讲师培训班，讲师培训证书的编号为140100202007WLCT000X。

（三）培训师证书序列号一律印在证书左下角，共8位。培训师证书编号一律印在证书正文下方中间位置，编码规则为：第1~3位为课程代码；第4~5位为培训师身份代码"MT";第 6~9 位为年份代码;第 10~12 位为顺序号。如 2020 年 SYB 培训师证书编号为 SYBMT202000X。

第三章 证书管理

第八条 各级创业培训主管部门应结合本地实际,制定相关管理办法,规范证书印制、保存、申领、打印、核发、登记、查询、补发、统计等管理流程和要求,并依据当地有关规定合理安排经费开展证书印制及管理工作。培训师证书管理办法由部中心制定。

第九条 各级创业培训主管部门要将证书管理纳入本地创业培训管理服务体系,确保数据统计真实完整,证书查询及时准确。查询方式可根据平台功能设置,建议为:①姓名+身份证号码;②姓名+证书编号;③身份证号码+证书编号等。各地应简化证书办理流程,缩短发证周期,提高公共服务效率,有条件的地区可探索使用电子证书。

第十条 各级创业培训主管部门要强化风险防控意识,安排专人做好管理工作,确保证书信息安全、流向清晰,数据准确、账实相符。证书设计印制时应采用防伪技术,任何单位和个人不得利用证书谋取不正当利益。对涂改、转让、冒领、翻印、伪造和贩卖证书的行为,积极与有关部门配合,予以严厉打击。涉嫌违法犯罪的,依法追究其法律责任。

第四章 附 则

第十一条 各级创业培训主管部门可根据本指南制定本地区创业培训证书管理办法或管理细则。

第十二条 本指南由部中心负责解释。

第十三条 本指南自下发之日起施行。

附件:1. 学员培训证书参考样式

2. 讲师培训证书参考样式

3. 培训师证书样证

附件 1

学员培训证书参考样式

附件 2

讲师培训证书参考样式

附件 3

培训师证书样证

关于印发《"创办和改善你的企业"（SIYB）培训技术要点（试行）》的通知

中就培发〔2020〕8号

各省、自治区、直辖市及新疆生产建设兵团人力资源社会保障厅（局）创业培训主管部门：

为贯彻落实《人力资源社会保障部关于实施职业技能提升行动创业培训"马兰花计划"的通知》（人社部函〔2020〕109号）文件精神，指导各地规范开展创业培训，提升培训质量，提高培训效果，根据《创业培训标准（试行）》，经研究，制定《"创办和改善你的企业"（SIYB）培训技术要点（试行）》（以下简称技术要点）。现印发给你们，请认真遵照执行。

中国就业培训技术指导中心

2020年12月4日

"创办和改善你的企业"（SIYB）培训技术要点（试行）

第一章　总　　则

第一条　为规范开展"创办和改善你的企业"（SIYB）培训，制定本技术要点，适用于"产生你的企业想法"（GYB）、"创办你的企业"（SYB）、"改善你的企业"（IYB）、"扩大你的企业"（EYB）课程的培训组织实施工作。

第二条　本技术要点包括学员培训技术要点、创业培训讲师（以下简称讲师）培训技术要点和创业培训培训师（以下简称培训师）培训技术要点，根据培训周期，为创业培训机构（以下简称培训机构）和创业培训师资提供技术依据。

第二章　学员培训技术要点

第三条　学员培训周期包括项目推介、学员选择、培训需求分析、实施培训、后续服务及培训监督与评估。

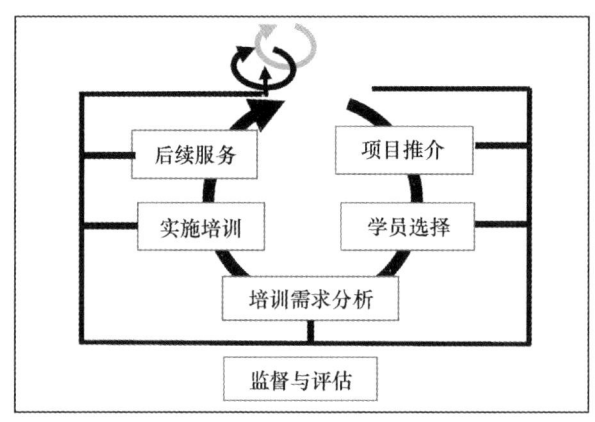

"创办和改善你的企业"（SIYB）学员培训周期

第四条　学员培训周期第一步：项目推介，指各级创业培训主管部门和培训机构通过各类宣传媒介平台及宣传推介活动，向潜在学员推介马兰花中国创业培训项目（以下简称马兰花创业培训）及SIYB各课程的过程。

第五条　学员培训周期第二步：学员选择，指培训机构和讲师根据学员所处创业阶段及培训意愿，利用标准工具，按照条件要求和标准流程，帮助学员选择适合的培训课程的过程。学员选择是保障培训效果的重要前提。

（一）学员选择不同课程的条件

1.GYB：具备基本的读写计算能力；有创业动机；缺乏现实可行的企业想法；全程参与培训的时间保障。

2.SYB：具备基本的读写计算能力；有创业动机；有初步企业想法或具体可行的项目；全程参与培训的时间保障。

3.IYB：具备基本的读写计算能力；经营企业6个月及以上；有改善企业的意愿；全程参与培训的时间保障。

4.EYB：具备基本的读写计算能力；有强烈增长欲望，希望打破企业发展瓶颈；企业雇员在10~200人，具备增长实力和基础；掌握基本的企业管理知识；全程参与培训的时间保障。

（二）学员选择的标准工具

1张《创业培训学员登记表主表》（以下简称主表）、3张《创业培训学员登记表附表》（以下简称附表）和1张《创业培训学员选择参考》。

（三）学员选择的标准流程

培训机构安排学员填写主表。根据主表中的"创业方向"选项和《创业培训学员选择参考》，指导学员继续填写与其相匹配的附表。讲师和培训机构根据主表和附表信息，推荐学员参加适合的培训课程。

（四）学员选择结果应是以下情况中的一种

● 适合参加GYB培训；

● 适合参加SYB培训；

● 适合参加网络创业培训；

● 适合参加IYB培训；

● 适合参加EYB培训；

● 暂不适合参加创业培训。

第六条 学员培训周期第三步：培训需求分析，指讲师和培训机构根据学员填写的主表和附表，了解学员资源条件、培训预期和需求的过程。有条件的地区也可由讲师和培训机构对学员组织面试，通过设计简短的《培训需求分析问卷》，进一步了解学员培训需求。针对IYB和EYB学员，讲师和培训机构可参照《创业培训学员登记表评分指南》对相应附表进行打分，进一步了解学员企业管理知识能力水平。培训需求分析是授课讲师有针对性地设计和实施教学计划，培训机构提高保障服务满意度的重要保证。

第七条 学员培训周期第四步：实施培训，指培训机构和授课讲师组织学员培训班的过程。

（一）学员人数

SIYB培训采取小班互动式教学。为确保培训质量，GYB课程每班不超过40人，SYB、IYB课程每班不超过30人，EYB课程每班不超过25人。

（二）授课讲师

每期学员班由2名讲师共同授课。授课讲师应持有对应课程的《创业培训讲师培训合格证书》。根据各地创业培训讲师管理办法，授课讲师应由当地创业培训主管部门派遣或接受培训机构邀请承担授课学员培训任务。授课讲师完成培训任务可领取课酬。课酬标准参考培训机构所在地的有关规定及市场标准。

（三）课时要求

为确保培训质量，SIYB 培训采取集中授课，并为每个课程提供了标准课程安排，明确课时要求和教学内容[①]。GYB 课程原则上不少于 3 天，24 课时；SYB 课程原则上不少于 7 天，56 课时；IYB 课程原则上不少于 7 天，56 课时；EYB 课程原则上不少于 6 天，48 课时，同时应提供至少 2 个月的后续跟踪指导。

（四）场地设备及教材教具

SIYB 培训场地面积要足以实现移动桌椅呈"U 型"或"岛型"摆放，便于授课讲师教学互动。培训机构应统一征订正版教材，确保学员每人一套学员教材。每期培训班应准备一套"创业培训（SIYB）实操沙盘"。培训机构应参照《SIYB 学员培训教材教具设备清单》做好相应准备。

（五）培训考核

SIYB 培训时严禁迟到早退、无故旷课。无故旷课或请假超过 2 次（一次请假不能超过 4 课时），学员将不能参加考核。SIYB 培训以建立系统的创业思维和提升创业能力为目标，考核时主要考查学员是否完成创业任务，实现培训目标。

1.GYB：主要考查学员是否产生并筛选出适合自己的创业项目。在培训结束时，学员应获得 GYB 学员培训合格证书。

2.SYB：主要考查学员是否完成自己项目的《创业计划书》。完成《创业计划书》即可获得 SYB 学员培训合格证书。当地创业主管部门应组织讲师对《创业计划书》进行评价。如果未能完成，授课讲师应再次跟踪辅导。

3.IYB：主要考查学员是否增加了企业管理知识，并将所学知识运用到自己企业的管理实践。课程结束时能记住主要学习要点，完成改善自己企业管理的行动计划，即可获得 IYB 学员培训合格证书。

4.EYB：主要考查学员是否掌握了企业增长的知识和能力，并将所学知识运用到自己企业的增长战略制定中。课程结束时能够完成自己企业的战略规划图和实施方案，即可获得 EYB 学员培训合格证书。

---

① 根据《关于印发马兰花创业培训线上线下融合的技术指引（2020 版）》（中就培函〔2020〕53 号）要求，鼓励探索线上线下相融合的培训方式。

（六）证书核发

培训结束后，培训机构应向当地创业培训主管部门申请学员培训合格证书，确保证书及时发放。

（七）资料报送

培训结束后，培训机构和授课讲师应及时做好资料登记、整理工作，并按照当地创业培训主管部门要求报送本次培训班相关信息及材料。

第八条 学员培训周期第五步：后续服务，指为提高培训效果，培训机构及讲师在培训结束后开展的指导服务活动，包括学员创业或企业经营情况定期跟踪回访、IYB 或 EYB 能力提升培训，以及对接咨询指导、创业贷款、创业孵化等各类创业服务资源。

第九条 学员培训周期第六步：监督与评估，指利用监督评估工具表单[①]全程收集、分析学员培训活动信息，并在此基础上对培训进展情况、培训效果、学员满意度等进行评估的过程。监督与评估可以不断促进培训项目完善优化和持续发展。SIYB学员培训的监督评估工具表单如下：

工具名称	作用	填写人	使用者	使用时间
1.创业培训学员入学登记表主表 2.创业培训学员入学登记表附表1—企业想法登记表 3.创业培训学员入学登记表附表2—现有企业登记表 4.创业培训学员入学登记表附表3—网络创业登记表	● 收集学员个人（企业）基础信息 ● 学员选择 ● 培训需求分析	讲师指导学员填写	讲师 培训机构	培训前
5.创业培训学员登记表评分指南	了解学员创业知识和能力水平	—		
6.创业培训学员选择参考	● 判断填写哪张附表 ● 学员选择	—		
7.SIYB学员培训教材教具设备清单	培训前准备	—	培训机构	

[①] 技术规程中的监督评估工具表单将根据创业培训技术发展而不断完善更新，请及时登录中国就业网创业培训栏目（www.chinajob.mohrss.gov.cn）下载最新版本。

续表

工具名称	作用	填写人	使用者	使用时间
8.GYB 标准课程安排表	统一授课标准	—	讲师 培训机构	培训全程
9.SYB 标准课程安排表				
10.IYB 标准课程安排表				
11.EYB 标准课程安排表				
12. 每日意见反馈表	了解学员对当天培训的满意度	学员		每天培训结束前
13. 创业培训学员培训期末评估表（适用于 GYB）	了解学员对整个培训的满意度			培训结束前
14. 创业培训学员培训期末评估表（适用于 SYB）				
15. 创业培训学员培训期末评估表（适用于 IYB）				
16. 创业培训学员培训期末评估表（适用于 EYB）				
17. 创业培训学员培训期末评估表统分表（创业培训讲师适用）	计算期末评估分值	讲师		
18. 创业培训学员培训活动报告	总结培训活动	讲师	讲师 培训机构 主管部门	培训后
19. 创业培训后续服务活动报告	了解后续服务情况			

第三章　讲师培训技术要点

第十条　讲师培训周期包括面试筛选、培训需求分析、实施培训、后续服务及培训监督与评估。

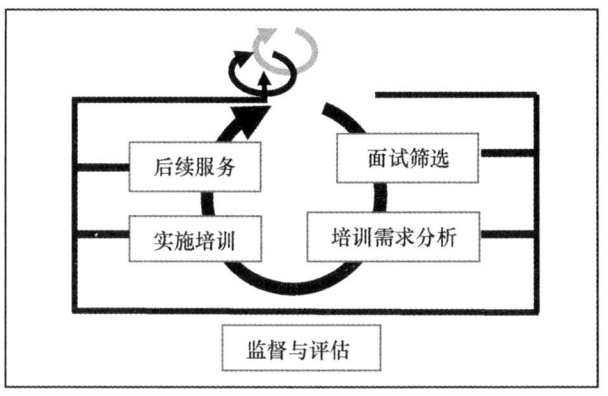

"创办和改善你的企业"（SIYB）讲师培训周期

第十一条 讲师培训周期第一步：面试筛选，指创业培训主管部门、讲师培训主办单位和培训师利用标准工具，按照标准流程，对申请参加讲师培训的人员进行面试，并筛选出符合条件的人员的过程。面试筛选是培养合格讲师的重要前提。

（一）讲师申请条件

1.遵守法律法规，身体健康，思想品德和职业素养高尚，热爱创业培训，执行创业培训规范标准，具备较强的学习、沟通、合作等综合能力。

2.大学本科及以上学历或中级以上专业技术职称，有创业经历者可适当放宽要求。

3.GYB、SYB、IYB讲师有成人教学经验或有创业、企业管理经历、经济学或管理学相关专业背景者优先。EYB讲师需具备创业或企业管理经验或经历。

4.承诺能够服从当地创业培训主管部门选派，承担学员培训授课任务及创业培训相关工作。

（二）面试筛选的标准工具

《创业培训（SIYB）讲师培训申请登记表》《创业培训（SIYB）讲师培训面试问卷》和《创业培训（SIYB）讲师筛选评分表》。

（三）面试筛选的标准流程

1.主办机构安排申请讲师培训人员填写《创业培训（SIYB）讲师培训申请登记表》。

2.主办机构邀请当地创业培训主管部门及授课培训师[①]组成面试筛选小组。

---

① 如授课培训师为派遣的异地培训师，无法提前赶到面试现场，可安排当地培训师参与面试小组，或通过线上视频参与面试。主办单位应在培训前尽早将该培训班学员资料信息提供给授课培训师。

3. 对《创业培训（SIYB）讲师培训申请登记表》进行初审，淘汰明显不符合条件的人员。

4. 结合《创业培训（SIYB）讲师培训面试问卷》对符合条件的申请人员进行面试。

5. 按照《创业培训（SIYB）讲师筛选评分表》，对《创业培训（SIYB）讲师培训申请入学登记表》和面试表现进行打分。得分低于60分被自动淘汰；高于60分将按照分数由高到低录取，直至培训班满额。

第十二条 讲师培训周期第二步：培训需求分析，指主办单位和培训师在面试筛选的同时，利用《培训需求分析问卷》《创业培训讲师培训申请登记表》《创业培训讲师面试评分表》了解、分析申请人培训预期和需求的过程。培训需求分析是授课培训师有针对性地设计和实施教学计划，主办单位提高保障服务满意度的重要保证。

第十三条 讲师培训周期第三步：实施培训，指主办单位和授课培训师组织讲师培训班的过程。

（一）培训人数

SIYB项目采取小班互动式教学。为确保培训质量，所有课程的讲师培训班每班不超过30人。

（二）授课培训师

每期讲师班由2名培训师共同授课。主办单位应在开班前2周向中国就业培训技术指导中心（以下简称部中心）提交讲师培训申请，部中心根据申请统一选派授课培训师。培训期间，主办单位应为授课培训师提供免费食宿安排。授课培训师完成培训任务可领取课酬[①]。

（三）课时要求

为确保培训质量，SIYB讲师培训采取集中封闭式授课，并提供标准课程安排，明确课时要求和教学内容。所有课程的讲师培训原则上不少于10天，80课时。

（四）场地设备及教材教具

SIYB讲师培训场地面积要足以实现移动桌椅呈"U型"或"岛型"摆放，便于授课培训师教学互动。主办单位应统一征订正版教材，确保每人一套学员教材、一本讲师手册和一本实操沙盘手册。每期培训班应准备一套"创业培训（SIYB）实操沙盘"。主办单位应参照《SIYB讲师培训教材教具设备清单》做好相应准备。

[①] 课酬标准参考培训主办单位所在地的有关规定及市场标准，由主办单位结合实际确定，原则上不低于1000元/人·天。如无特殊情况，应按照讲师培训班总天数支付每一位授课培训师课酬。

（五）培训考核

SIYB 讲师培训严禁旷课、迟到或早退。无故旷课或请假将不能参加考核。考核分为理论考试和试讲。理论考试时间为 90 分钟，满分 100 分，60 分及以上为合格。试讲是由讲师通过现场抽取顺序签或题签，在规定时间内完成抽取题目的授课。授课培训师及其他讲师对其试讲表现进行点评和评分，试讲满分 5 分，4 分及以上为合格，试讲结束后授课培训师现场打分并公布试讲成绩。理论考试和试讲都合格视为考核合格，即可获得该课程的讲师培训合格证书。

（六）证书核发

培训结束后，主办单位应向当地创业培训主管部门申请讲师培训合格证书，确保及时发放。

（七）资料报送

主办单位和授课培训师在培训结束后，应及时做好资料登记、整理工作，并通过创业培训技术服务管理平台向当地创业培训主管部门及部中心报送相关信息及材料。

第十四条 讲师培训周期第四步：后续服务，指创业培训主管部门及授课培训师在培训结束后，为延伸培训效果，持续提升讲师授课及指导能力而进行的一系列指导服务，包括提高培训、个人咨询和技术支持等。

第十五条 讲师培训周期第五步：监督与评估，指利用监督评估工具表单全程收集、分析讲师培训活动信息，并在此基础上对讲师培训进展情况、培训效果、整体满意度等进行评估的过程。SIYB 讲师培训监督与评估可通过部中心创业培训技术服务管理平台完成。监督评估工具表单如下：

工具名称	作用	填写人	使用者	使用时间
1.创业培训（SIYB）讲师培训申请登记表	● 申请参加讲师培训 ● 面试筛选 ● 培训需求分析	讲师	培训师 主办机构 主管部门	培训前
2.创业培训（SIYB）讲师培训面试问卷		培训师 主管部门		
3.创业培训（SIYB）讲师培训筛选评分表				
4.创业培训（SIYB）讲师培训班申请表				
5.创业培训（SIYB）讲师培训教材教具设备清单	培训前准备	—	培训机构	

续表

工具名称	作用	填写人	使用者	使用时间
6. 创业培训讲师培训标准课程安排（SYB）	统一授课标准	—	培训师培训机构	培训全程
7. 创业培训讲师培训标准课程安排（IYB）				
8. 创业培训讲师提高培训标准课程安排（SYB）				
9. 创业培训讲师提高培训标准课程安排（IYB）				
10. 每日意见反馈表	了解学员对当天培训的满意度	讲师	培训师培训机构	每天培训结束前
11. 创业培训（SIYB）讲师培训期中评估表	评估讲师对培训师授课满意度			培训第5天结束时
12. 创业培训（SIYB）讲师培训试讲评分表	考核试讲讲师的授课能力及效果	培训师	培训师	试讲期间
13. 创业培训（SIYB）讲师行动计划表	制订下一步开展培训工作的计划	讲师	讲师	培训结束时
14. 创业培训（SIYB）讲师培训结束评估表	了解学员对整个培训的满意度	讲师	培训师培训机构主管部门部中心	
15. 创业培训（SIYB）讲师培训成绩单	报送入库讲师信息	培训师		培训后
16. 创业培训（SIYB）讲师培训活动报告	总结讲师培训活动			
17. 创业培训（SIYB）培训师授课意见反馈表	反馈培训师授课情况	培训机构	部中心	

第四章　培训师培训技术要点

第十六条　培训师培训周期包括选拔[①]、培训需求分析、实施培训、后续服务及培训监督与评估。

---

① 除培训师选拔外，SIYB 讲师还可以通过参加"马兰花全国创业培训讲师大赛"获得培训师培训的资格。

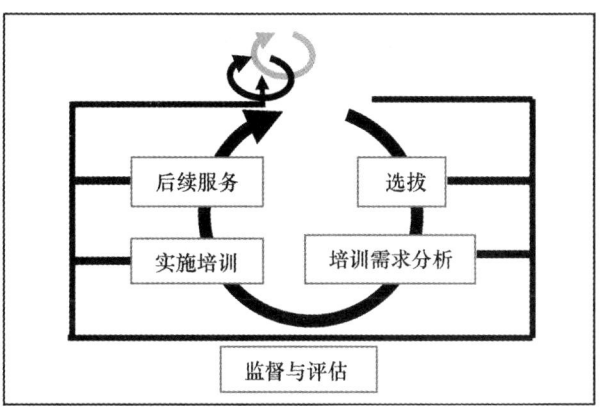

"创办和改善你的企业"（SIYB）培训师培训周期

第十七条 培训师培训周期第一步：选拔，指由省级创业培训主管部门按要求推荐符合条件的讲师参加部中心统一组织的遴选活动。参加培训师选拔的条件、培训师选拔的流程可参见《马兰花中国创业培训项目师资管理指南》。

第十八条 培训师培训周期第二步：培训需求分析，指部中心利用《创业培训培训师培训申请表》了解培训师培训预期和需求的过程。培训需求分析是有针对性地设计和实施教学计划的重要保证。

第十九条 培训师培训周期第三步：实施培训，指组织培训师培训班的过程。培训师培训班由部中心统一组织，并纳入我部培训计划。

（一）培训人数

为确保培训质量，培训师培训班每班不超过 30 人。

（二）授课师资

每期培训师班由 2 名部中心选派的授课专家进行授课。授课专家完成培训任务可领取课酬。

（三）课时要求

为确保培训质量，SIYB 培训师培训采取集中封闭式授课，并为每个课程提供标准课程安排，明确课时要求和教学内容。培训师培训原则上不少于 10 天，80 课时。

（四）场地设备及教材教具

SIYB 培训师培训场地面积要足以实现移动桌椅呈"U 型"或"岛型"摆放，便于授课专家教学互动。培训师培训班应确保每人一本讲师手册、一本培训师指南和一本实操沙盘手册。每期培训班应准备一套"创业培训（SIYB）实操沙盘"，并参照《SIYB 培训师培训教材教具设备清单》做好相应准备。

（五）培训考核

SIYB 培训师培训严禁旷课、迟到或早退。无故旷课或请假将不能参加考核。考核分为理论考试和试讲。理论考试时间为 90 分钟，满分 100 分，60 分及以上为合格。试讲是由培训师通过现场抽取顺序签或题签，在规定时间内完成抽取题目的授课。授课专家及其他培训师对其试讲表现进行点评和评分，试讲满分 5 分，4 分及以上为合格。理论考试和试讲都合格视为通过考核。

（六）证书核发

SIYB 培训师培训结束后，由部中心统一为培训合格的培训师核发《创业培训师证书》。

第二十条 培训师培训周期第四步：后续服务，指部中心在培训结束后，适时组织培训师提高培训、研修交流等活动。

第二十一条 培训师培训周期第五步：监督与评估，指利用监督评估工具表单全程收集、分析培训师培训活动信息，并在此基础上对培训进展情况、培训效果、整体满意度等进行评估的过程。SIYB 培训师培训监督和评估可通过创业培训技术服务管理平台完成。监督评估工具表单如下：

工具名称	作用	填写人	使用者	使用时间
1.创业培训师培训申请表	● 申请参加培训师培训班 ● 培训需求分析	通过选拔的培训师	授课专家 部中心	培训前
2.培训师培训教材教具设备清单	培训前准备	—		培训全程
3.SYB 培训师培训标准课程安排	统一授课标准	—		培训全程
4.IYB 培训师培训标准课程安排		—		
5.每日意见反馈表	了解学员对当天培训的满意度	培训师		每天培训结束前
6.培训师培训期中评估表	评估培训师对授课专家的授课满意度			培训第 5 天结束时
7.培训师培训试讲评分表	考核试讲培训师的授课能力及效果	授课专家 其他培训师		试讲期间

续表

工具名称	作用	填写人	使用者	使用时间
8.创业培训师行动计划表	制定未来开展创业讲师培训的努力方向和工作计划	培训师	培训师	培训结束时
9.培训师培训结束评估表	了解学员对整个培训的满意度	培训师	授课专家部中心	
10.培训师培训成绩单	报送入库培训师信息	培训师		

第五章 附 则

第二十二条 本技术要点由部中心负责解释。

第二十三条 本技术要点自公布之日起施行。

关于印发网络创业培训组织实施技术规程（试行）的通知

中就培函〔2017〕39号

各省、自治区、直辖市及新疆生产建设兵团人力资源社会保障厅（局）创业培训主管部门：

为推进大众创业、万众创新，进一步贯彻落实《关于进一步推进创业培训工作的指导意见》（人社厅发〔2015〕197号）要求，树立中国创业培训品牌，拓展创业培训示范课程，我中心在职业能力建设司指导下，总结地方探索经验，组织开发网络创业培训课程体系，并于2016年率先试点网络创业培训（电商）课程。各试点地区将网络创业培训作为丰富创业培训模式的有效手段，帮助创业者建立互联网创业思维，提升网络创业能力，取得了成效，并在课程内容和组织实施上积累了经验。

为进一步推广网络创业培训，我们组织开发了《网络创业培训组织实施技术规程（试行）》，旨在为各地组织实施网络创业培训提供技术依据。现印发给你们，请按照执行。为指导各地开展好相关工作，现就有关事项通知如下：

一、提高认识，加强领导

各地创业培训主管部门要将打造中国创业培训品牌，作为当前和今后一个时期做好创业培训，推进就业创业工作的重要措施，明确工作要求，统一部署安排，整合培训资源，集中优质力量，加强"创办和改善你的企业"（SIYB）、网络创业培训等示范创业培训课程的应用和推广。特别要发挥网络创业培训作用，发掘和扶持一批与当地特色产业或特色服务相结合的互联网推广项目，促进区域经济发展。

二、加强管理，坚持标准

各地创业培训主管部门要加强对网络创业培训工作的组织管理，严格按照《网络创业培训组织实施技术规程（试行）》要求，组织网络创业学员培训及师资培训活动，统一培训申请、统一培训教材、统一讲师管理、统一培训师派遣、统一机构选择、统一平台服务标准、统一考核认证,确保培训质量和培训效果。同时,加强网络创业培训的跟踪指导和后续服务,打造中国创业培训品牌。

三、加强协调,争取支持

各地创业培训主管部门应加强与有关部门沟通协商,按照现行政策规定,将网络创业培训作为继"创办和改善你的企业"(SIYB)培训的示范创业培训项目,纳入创业培训补贴范围,并进一步完善经费补贴与培训效果评估机制,提高资金使用效果,防范资金使用风险。

四、广泛宣传,营造氛围

要充分发挥传统媒体与网络新媒体作用,组织开展形式多样的宣传活动。各地创业培训主管部门要将前期试点及后续推广工作中的新思路、新模式、好做法、好经验,以及网络创业培训及后续服务中发掘出的典型事迹、成功案例通过网络等形式宣传推广,形成鼓励创业、支持创业、全民创业的社会氛围。

联系人:马威、张薇

联系电话:(010)84661054、84661165

传真电话:(010)84661050

附件:网络创业培训组织实施技术规程(试行)

中国就业培训技术指导中心
2017 年 7 月 27 日

附件

网络创业培训组织实施技术规程(试行)

为指导各地创业培训主管部门组织实施网络创业培训,下发网络创业培训组织实施技术规程(试行),规范网络创业培训组织流程和技术要点。

一、概述

网络创业培训组织实施技术规程（试行）主要包括四个部分：

（一）网络创业培训学员培训技术要点。遵循网络创业培训学员培训周期，规范学员培训各环节组织实施的技术要点，帮助网络创业培训机构、网络创业培训讲师明确如何组织标准的网络创业培训学员培训及后续服务。

（二）网络创业培训讲师培训技术要点。遵循网络创业培训讲师培训周期，规范讲师培训和开发各环节技术要点，帮助各地创业培训主管部门明确如何组织标准的网络创业培训讲师培训、年审评估及后续能力提升服务。

（三）网络创业培训机构选择参考技术要点。梳理网络创业培训机构的申请条件和选择流程，为各地创业培训主管部门选择网络创业培训机构提供技术参考。

（四）网络创业培训教学辅助平台技术服务标准。规范网络创业培训教学辅助平台技术服务标准，为各地创业培训主管部门自主选择、开发、评估教学辅助平台提供技术参考依据。

二、网络创业培训学员培训技术要点

网络创业培训学员培训主要遵循培训周期组织实施。培训周期是指组织一期网络创业培训学员班所涉及的各个步骤，包括课程推介、学员选择、培训需求分析、实施培训、后续服务和对整个周期的监督与评估，如下图所示：

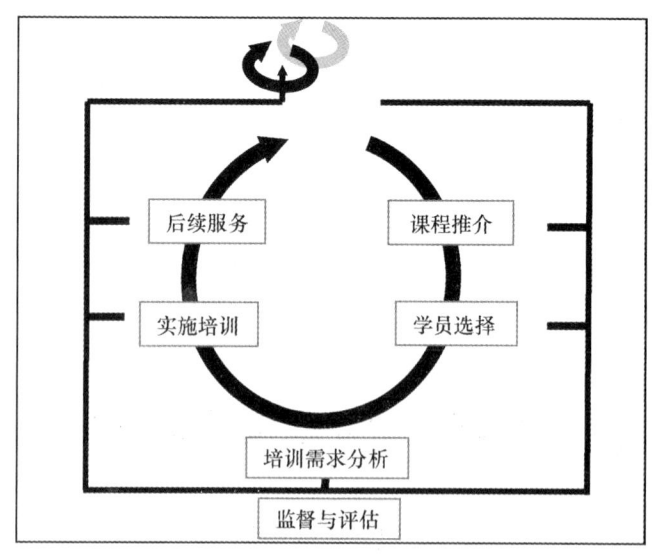

创业培训学员培训周期图

（一）培训周期第一步：课程推介

课程推介是指通过线上、线下等推介活动，向潜在的培训目标群体推介创业培训课程，从而吸引其关注并产生参加培训活动的意愿。

（二）培训周期第二步：学员选择

学员选择是指课程推介之后，培训机构根据潜在培训对象的培训意愿和需求进行筛选和区分，根据其实际情况合理分配到合适的培训课程中。培训机构应高度重视该环节，使学员进入符合其创业意愿，适合其自身能力水平的培训课程，以最大限度保证培训效果。

为保证学员选择环节客观、高效，培训机构应使用标准工具表单，并按照以下流程组织学员选择工作：

1. 学员选择标准工具包括1张《创业培训学员登记表主表》（以下简称主表）、3张《创业培训学员登记表附表》（以下简称附表）和1张《创业培训学员选择程序》。

2. 网络创业培训机构组织有意愿参加创业培训的潜在学员填写主表。根据主表中"创业方向"栏目的选项，参考《创业培训学员选择程序》，将学员按照实际情况分配到不同培训课程中，并指导学员继续填写与培训课程相对应的附表，或终止填写。由培训机构或讲师汇总前面收集的信息，得出学员选择的结果。这些结果包括：

a. 暂不适合参加创业培训；

b. 适合参加某期GYB/SYB/IYB培训班；

c. 适合参加网络创业培训班。

网络创业培训学员选择标准
● 有自主创业的动机，且有明确具体的依托互联网创业的想法，或已经创办企业并希望企业互联网化等
● 具备参加培训的条件（基本的读写计算能力、一定的电脑和网络基础知识和操作能力。有条件的地区可以组织学员进行电脑操作水平提升培训）
● 全程参与培训的时间保障

（三）培训周期第三步：培训需求分析

培训需求分析是指在培训班开班前，参与该班授课的讲师根据学员填写的附表，通过专业的方法和工具，分析学员对培训的确切需求，以便在备课和授课时设计和实施有针对性的教学计划。同时，讲师应与培训机构有效沟通，便于在培训组织和后勤保障上为学员提供相应服务，保证培训效果。

（四）培训周期第四步：实施培训

实施培训是指培训机构筹备和组织网络创业学员培训的过程。

1. 培训前筹备

学员人数	25~30人/班为宜，最多不超过35人
确定授课讲师	每班由2名持有《网络创业培训讲师培训合格证书》的讲师共同授课
准备教材、教具	● 学员应人手一本部里统一编发的学员教材和一本由教学辅助平台提供的实操指导手册 ● 所需教材、设备、教具参见《创业培训教材设备教具清单》
场地设备	● 培训场地面积不小于60 m² ● 可移动桌椅，呈"岛型"摆放，以满足建立"互助学习小组[①]"的教学需求 ● 投影仪、幕布、白板、话筒；电脑（统一配备电脑，或学员、讲师自带笔记本电脑），人手一台电脑最佳，或至少每个学习小组确保一台电脑 ● 配备优质网络资源（建议不低于100兆带宽独享），满足教学需求。培训前应对设备、网络环境进行测试
课程安排	培训机构与授课讲师应严格按照网络创业培训（电商）标准课程组织授课

2. 培训核心要求

课时要求	56学时（建议7个白天）
考勤要求	严格遵守课堂纪律，不旷课，不迟到，不早退。无故旷课或请假超过2次[②]的学员取消其考核发证机会
监督评估要求	讲师应全程使用全套标准监督评估工具，并在培训结束后提交培训机构留存建档
考核要求	● 理论考试[③] ● 提交店铺规划书[④] ● 提交网络创业实践成果[⑤] 三项考核均成绩合格才能获得《网络创业培训合格证书》

---

① 互助学习小组：为确保培训效果，由主办机构根据申请讲师的网创经验及互联网知识能力水平，通过QQ群、微信群等互联网社交平台，先行组织参培讲师分组建立"互助学习小组"，并指导其完成在教学辅助平台和真实电商平台的相关注册活动。互助学习小组模式将贯穿网络创业讲师培训始终，特别是在课后通过翻转课堂完成网络创业培训实践任务时发挥重要作用。

② 1次请假不能超过4课时。

③ 理论考试：理论考试为90分钟，满分100分，60分（含）以上为合格。电商课程可组织学员登录网络创业培训教学辅助平台培训管理系统进行机考笔试。

④ 店铺规划书：同创业计划书。

⑤ 实践成果：学员在培训结束前需提交或登录教学辅助平台培训管理系统录入实践成果信息，包括模拟商城店铺信息、真实电商平台（包括微店）店铺信息。同时在培训管理系统抽取非授课讲师，根据《网络创业培训实践成果评分标准》进行评分，实践成果满分100分，60分（含）以上为合格。

3. 培训后续工作

（1）创业培训合格证书申请。网络创业培训机构应向当地创业培训主管部门申请网络创业培训合格证书，以确保每期培训班结束后为学员及时发放证书。

（2）结班材料报送。培训机构和授课讲师在每期培训班结束后，应及时做好资料登记、整理工作，并通过培训管理系统向当地创业培训主管部门在线报送该次培训班相关信息及结班材料。

（3）创业成果认定。网络创业成功认定标准由当地创业培训主管部门制定。培训机构可根据学员提交的实践成果及证明材料，通过培训管理系统，定期进行创业成果追踪，并通过扶持服务帮助其达到本地区网络创业成功认定标准，享受相关扶持政策。

（五）培训周期第五步：后续服务

后续服务是指培训结束后，为延伸培训效果，获得持续稳定的学员满意度而开展的各项后续跟踪与指导服务，如学员创业后的后续跟踪、学员继续提升培训，以及提供创业后各类扶持服务。

（六）培训周期的第六步：监督与评估

监督与评估是指为了分析和评估创业培训活动取得的进展情况和培训效果，利用监督评估工具表单[①]而进行的所有收集、分析信息的过程。

工具名称	作用	填写人	使用者	使用时间
1.创业培训学员入学登记表主表 2.创业培训学员入学登记表附表1——企业想法登记表 3.创业培训学员入学登记表附表2——现有企业登记表 4.创业培训学员入学登记表附表3——网络创业登记表	● 选择学员 ● 培训需求分析 ● 收集学员个人和企业情况信息	● 讲师或指导学员填写	学员	培训开始前
5.创业培训学员选择程序	选择学员	—	讲师	学员筛选和需求分析
6.创业培训学员班教材设备教具清单	做好培训前筹备工作	—	培训机构	培训开始前
7.网络创业培训（电商）学员培训标准课程表	提供标准课程安排	—	讲师 培训机构	培训全程
8.每日意见反馈表	评估学员对当天培训的满意度	学员	讲师 培训机构	每天培训结束

---

① 技术标准中所有涉及的监督评估工具表单将根据创业培训技术发展而不断完善，请及时登录中国创业培训网站（www.siyb.osta.org.cn）"下载区"下载最新版本。

续表

工具名称	作用	填写人	使用者	使用时间
9. 网络创业培训（电商）学员培训班期末评估表	评估学员对整个培训课程的满意度	学员	讲师 培训机构	培训结束时
10. 网络创业培训实践成果信息登记表	检验、考核学员完成实践任务情况	学员	讲师 培训机构	培训结束时
11. 网络创业培训实践成果评分表及评分标准	实践成果评分	讲师	讲师 培训机构	培训结束后
12. 网络创业培训（电商）网店规划书	制订网店可行性计划	讲师指导学员填写	学员 讲师	培训结束后
13. 创业培训学员班活动报告	总结培训活动，收集学员收获及其企业经营信息	讲师	讲师 培训机构	培训结束后
14. 网络创业培训学员后续支持服务需求调查表	了解学员后续支持服务需求	讲师	讲师 培训机构	培训结束后
15. 网络创业培训学员创业情况跟踪调查表	了解学员培训后创业情况及企业经营情况	培训机构	培训机构主管部门	按一定周期（如每半年、每年等）

三、网络创业培训讲师培训周期及技术要点

网络创业培训讲师培训主要遵循培训周期组织实施。培训周期是指组织讲师培训活动所涉及的各个步骤，包括筛选面试、培训需求分析、实施培训、后续提升、评估年审，以及对整个周期的监督与评估，如下图所示：

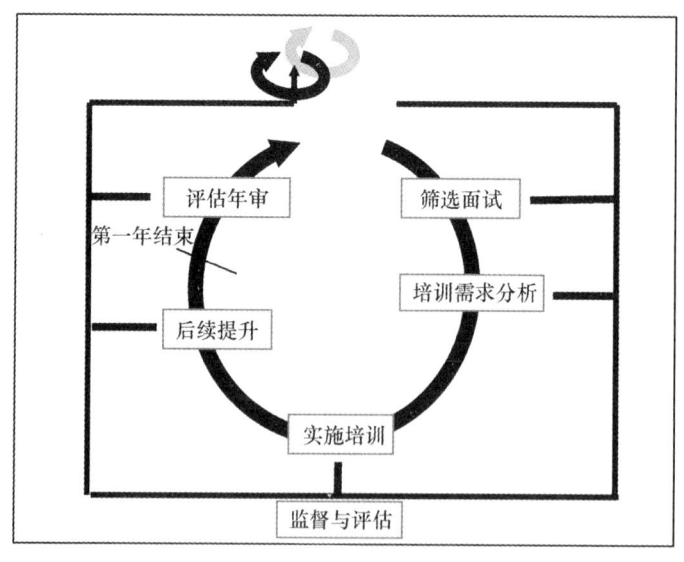

网络创业培训讲师培训周期图

(一)培训周期第一步:筛选面试

筛选面试是指对申请参加网络创业培训讲师培训的人员进行筛选面试。

1. 筛选条件

- 持有《创业培训(SIYB)讲师培训合格证书》
- 具有互联网创业或从业经历,熟悉互联网行业,了解互联网创业一般规律和流程
- 具备店铺经营(或电子商务)熟练操作能力和相关指导能力
- 具备与计算机或电子商务相关学习背景

2. 筛选流程

为保证筛选环节客观、高效,应使用标准工具,按照以下流程组织筛选面试:

- 主办机构指导申请人员填写《网络创业培训讲师申请表》
- 主办机构邀请当地创业培训主管部门人员及授课培训师组成筛选小组,对《网络创业培训讲师申请表》进行审核,并按照《网络创业培训讲师面试评分表》进行面试
- 最后由筛选小组淘汰不符合条件的人员。申请人在面试中得分不低于60分;在此基础上,择优选择不多于30人参加网络创业培训讲师培训

(二)培训周期第二步:培训需求分析

在讲师培训前,参与该班授课的培训师应根据讲师填写的创业培训讲师申请表,对该班讲师的培训需求进行系统分析,以便在备课和授课时设计和实施有针对性的教学计划。培训需求分析也可与筛选面试同时进行。

(三)培训周期第三步:实施培训

1. 培训筹备

讲师人数	20~25人/班为宜,不得超过30人
场地设备	● 培训场地面积不小于60 m² ● 可移动桌椅,呈"岛型"摆放,以便满足建立"互助学习小组"的教学需求 ● 投影仪、幕布、白板、话筒 ● 确保人手一台电脑(统一配备或讲师自带),并安装与网创培训相匹配的浏览器(如谷歌浏览器等) ● 配备优质网络资源(建议不低于100兆带宽独享),满足培训需求。培训前应对设备、网络环境进行测试
讲师班申请	在师资培训计划之列的讲师培训班,主办机构应在开班前2周,向部指导中心提交《创业培训师资班申请》。如未在列,由主办机构协调省级创业培训主管部门在申请表上加盖公章后再提交部指导中心
确定授课培训师	部指导中心审核后,统一派遣2名网络创业培训师共同承担授课任务
准备教材教具	● 讲师应人手一本我部统一编发的网络创业培训学员教材和一本网络创业培训讲师手册;一本当地引进使用的教学辅助平台提供的网创实操指导手册 ● 所需教材、设备、教具参见《创业培训教材设备教具清单》

续表

课程安排	培训机构与授课培训师及时沟通，按照创业培训标准课程进行授课。同时，培训机构应按照本地经济发展水平，与授课培训师协调好差旅费、课酬[①]等安排

2. 培训核心要求

课时要求	70学时（建议10天9晚。每晚以互助学习小组形式完成翻转课堂[②]内容，时间不限，以完成当天实践任务为准）
考勤要求	需严格遵守课堂纪律，不旷课，不迟到，不早退，否则将取消其参加考试的机会
监督与评估	培训师在讲师培训期间应全程使用创业培训讲师培训监督评估工具表单
考试要求	● 理论考试[③] ● 试讲[④] ● 网络创业实践成果提交[⑤]

3. 培训后续工作

（1）创业培训合格证书申请。培训机构根据讲师培训最终培训合格人数，向当地创业培训主管部门申请讲师培训合格证书，并及时发放给创业培训讲师。

（2）结班材料报送。培训班结束1周内，由主办单位向部中心提交《创业培训培训师授课意见反馈表》及《网络创业培训讲师培训成绩单》（含证书信息）。由授课培训师向部中心提交《创业培训讲师培训班活动报告》及《网络创业培训讲师培训成绩单》。

（3）讲师信息管理。创业培训主管部门要做好讲师信息登记、整理工作，及时报送上级主管部门，加强本地创业培训师资库建设。

（四）培训周期第四步：后续服务

由各级创业培训主管部门、培训机构及培训师在培训结束后对讲师进行后续支持

---

① 培训师课酬：根据目前各地已开展的创业培训课酬情况，建议网络创业培训师授课费不低于1000元／人·天。各地主管部门应根据当地经济状况确定培训师课酬标准。如无特殊情况，应按照讲师培训班总课时天数支付授课培训师课酬。

② 翻转课堂：指学生通过互联网提前在线学习课程内容，而课堂变成了师生及生生之间互动的场所。老师对学生的学习情况进行检测，并解决学生的学习疑问，引导学生去运用知识，达到内化和拓展的目的，从而达到更好的培训效果。

③ 理论考试：考试时间为90分钟，满分100分，60分（含）以上为合格。

④ 试讲：主要指讲师通过现场抽取顺序签、试讲题签，在规定时间内完成抽取题目的授课。授课培训师及其他讲师对其试讲表现进行点评、评分，并填写《网络创业培训讲师培训试讲评分表》。试讲满分5分，4分（含）及格。

⑤ 实践成果：讲师在培训结束前需提交或登录教学辅助平台管理系统录入实践成果信息，包括模拟商城店铺信息、真实电商平台店铺或微店信息。培训师根据《网络创业培训实践成果评分标准》对提交的实践成果进行评分，实践成果满分100分，60分（含）以上为合格。

服务。

主管部门	各级创业培训主管部门应积极创造条件，为讲师提供参加提高培训和交流研讨的机会
培训师	至少为本人所在地区的讲师提供20人/次的个人后续拜访，为异地讲师提供3次以上电话或网络咨询服务
培训机构	● 为讲师提供授课教学与教学研讨的机会，并提供参加各级创业培训主管部门组织的师资提高班培训机会 ● 指导讲师通过网络创业培训教学辅助平台或其他渠道，自学网络创业及互联网技能等提升类课程

（五）培训周期第五步：评估年审

各省级创业培训主管部门应制定本地区讲师评估标准和程序，定期组织创业培训讲师年审工作，并与国家创业培训师资库建设相结合。

（六）培训周期的第六步：监督与评估

监督与评估是指为了分析和评估创业培训活动取得的进展情况和培训效果，利用监督评估工具表单[①]，而进行的所有收集、分析信息的过程。

监督评估工具表单

工具名称	作用	填写人	使用者	使用时间
1.创业培训师资班申请表	申请讲师培训班、接受培训师统一派遣	培训机构	培训机构	培训开始前
2.网络创业培训讲师申请表及面试问卷	● 选择参训讲师 ● 培训需求分析 ● 收集讲师个人情况信息	讲师	培训师	培训开始前
3.网络创业培训讲师筛选面试评分表	选择参训讲师	培训师	培训师 培训机构	学员筛选和需求分析时
4.创业培训师资班教材设备教具清单	做好培训前筹备工作	—	培训机构	培训开始前
5.网络创业培训（电商）讲师培训标准课程表	提供标准课程安排	—	培训师 培训机构	培训全程
6.每日意见反馈表	评估参训讲师对当天培训的满意度	讲师	培训师 培训机构	每天培训结束

---

① 监督评估工具表单将根据创业培训技术发展而不断完善，请及时登录中国创业培训网站（www.siyb.osta.org.cn）"下载区"下载最新版本。

续表

工具名称	作用	填写人	使用者	使用时间
7.网络创业培训讲师培训班期中评估表	评估讲师对培训师授课满意度	讲师	培训师 培训机构	培训第5天结束时
8.网络创业培训讲师培训班试讲评分表	考核试讲讲师的授课能力及效果	非试讲讲师 培训师	培训师	试讲期间
9.创业培训师资行动计划表	制订培训后开展创业培训的努力方向和工作计划	讲师	讲师	培训结束时
10.网络创业培训讲师培训班结束评估表	评估学员对整个培训课程的满意度	讲师	培训师 培训机构	培训结束时
11.网络创业培训实践成果信息登记表	检验、考核讲师完成实践任务情况	讲师	培训师 培训机构	培训结束时
12.网络创业培训实践成果评分表	为实践成果评分	培训师	培训师 培训机构	培训结束时
13.网络创业培训讲师培训班成绩单（含证书信息）	登记讲师笔试、试讲、（网络创业实践成果）成绩	培训师	培训师 培训机构	培训结束时
14.创业培训师资班活动报告	总结培训活动，收集讲师相关信息	培训师	培训师 培训机构	培训结束后
15.培训师授课意见反馈表	向部中心反馈培训师授课情况	培训机构	培训机构	培训结束后1周内

四、网络创业培训机构选择参考技术要点

网络创业培训机构是指经当地人力资源社会保障部门认可，开展网络创业培训的教育培训机构。为便于各地创业培训主管部门开展网络创业培训机构选择工作，本标准提出参考的选择条件和选择流程。

（一）网络创业培训机构选择条件（参考）

机构资质方面	a.具有独立法人资格，取得人力资源社会保障部门或教育部门批准的办学许可证 b.具有创业培训、创业服务或电子商务培训资质并提供培训或服务效果的相关证明材料以及服务对象的评价材料的培训机构优先 c.有2名及以上专职管理人员负责网络创业培训及后续服务的组织工作 d.内部管理规范，没有发生经查属实的重大投诉事件

续表

创业培训方面	a. 至少有3名及以上持有《网络创业培训讲师培训合格证书》的全职或兼职讲师 b. 有不小于60 m² 的创业培训理论教学教室，配备电脑、投影仪、可移动桌椅、黑白板等教学设备 c. 有不小于100 m² 的网络创业培训实操教学教室，配备30台及以上电脑及满足培训需求的优质的网络资源，确保流畅使用实操平台
后续服务方面	a. 注重服务效果，建立学员档案，定期评价培训和服务的效果，并定期为培训学员提供后续跟踪指导及信息交流平台，帮助学员对接提升培训、创业孵化、创业融资等后续服务 b. 具有5名及以上全职或兼职的创业服务专家（包括企业家、专家学者、互联网资深从业者等），具有满足创业服务要求的活动场地及设备设施

（二）网络创业培训机构选择流程（参考）

结合各地简政放权后培训机构管理经验做法，网络创业培训机构选择应严格按照当地财政要求，通过政府购买服务招标等方式开展。各试点地区创业培训主管部门可结合下述参考流程，做好培训机构选择工作。

1. 公告。各市、县（市、区）人力资源社会保障部门在本地区面向社会发布网络创业培训机构招标公告，公告内容包括申报时间和地点、认定时限、申报条件、选择程序、报送材料和受理机构等。

2. 申请。各类社会教育培训机构按照公告要求向所在地人力资源社会保障部门递交申请材料，具体内容建议如下：

（1）《网络创业培训机构申请书》；

（2）独立法人证书及复印件；

（3）职业教育或技能培训资质证书及复印件；

（4）相关办学经历证明材料（如创业培训）；

（5）培训场所及相关设施、设备的合法使用证明（实景照片）；

（6）授课师资及创业服务专家资质证明；

（7）工作人员身份证复印件、劳动合同复印件；

（8）教学实施大纲和教学讲义等有关材料；

（9）申报单位的教学组织管理、师资管理、档案管理、后续服务管理、消防管理等内部管理制度。

3. 审核。各市、县（市、区）人力资源社会保障部门接到教育培训单位申请后，严格按照选择条件和《网络创业培训机构选择参考评分基准表》进行选择；组织创业培训管理人员、培训师及专家顾问对申报机构开展实地考察和复审,并对培训机构培训能力进行打分;淘汰明显不符合条件的培训机构。

4. 公示。各市、县(市、区)人力资源社会保障部门确定了网络创业培训机构名单后,以网络或报纸等媒体向社会进行公示网络创业培训机构拟定名单。

5. 签约。公示若无异议,再通过发文等形式确认本地开展网络创业培训机构名单;以政府购买"创业培训项目"服务招投标形式开展的,由从事创业培训管理和补贴办法管理的机构与确认的创业培训定点机构签订《网络创业培训机构合作协议书》。

(三)网络创业培训机构选择工具[①](参考)

1.《网络创业培训机构申请书》参考式样。

2. 网络创业培训机构选择参考评分基准。

3. 网络创业培训机构合作关键权益建议。

五、网络创业培训教学辅助平台技术服务标准

为降低学员在真实平台的实践风险,确保学员在规定学时内高效完成培训及创业实践任务,网络创业培训(电商)课程引进教学辅助平台。各地应根据《网络创业培训教学辅助平台技术服务标准》,自主选择引进或自主开发符合上述平台服务标准的教学辅助平台。教学辅助平台应包括但不限于模拟商城、供销服务、在线学习和培训管理四个功能模块。

(一)网络创业培训教学辅助平台功能概述

功能模块	功能概述
模拟商城	模拟商城为学员营造一个逼真的店铺创办和经营管理的实操环境。学员通过练习,熟悉电商流程,积累实操经验,避免因不熟悉真实电商平台规则而出现的各种处罚等风险。模拟商城需具备目前各大主流电商平台的核心功能,包括但不限于店铺注册、商品管理、交易管理、店铺管理、促销管理、客服管理等在线模拟功能
供销服务	供销服务是利用 Internet 技术及信息集成技术,将供应链管理、客户关系管理等功能全面集成优化,实现商品端的产品一键上架、订单抓取、库存同步及发货、退换货等功能,为暂时没有货源渠道的学员在完成培训中的教学及实践任务时对接货源,解决学员创业初期组织货源困难及资金风险等问题。供销服务需提供与多个真实第三方平台数据互通及交易管理功能

---

① 创业培训定点机构选择工具将根据创业培训技术发展而不断完善,请及时登录中国创业培训网站(www.siyb.osta.org.cn)"下载区"下载最新版本。

续表

功能模块	功能概述
在线学习	在线学习是指满足学员和讲师对于网络创业提升培养的需求，充分整合优势教学资源，以慕课理念制作网创培训系列精品课程，满足翻转课堂的教学需求，帮助学员打破时间和空间的界限，随时随地补给学习资源，全面提升学员和讲师网络创业能力
培训管理	培训管理是指实现网络创业培训学员班管理功能，在线完成学员信息录入（或导入）、开班申请、监督评估、在线考试、在线评分、实践成果提交及评定、材料报送、信息统计、后续跟踪服务等工作，从而确保满足网络创业培训过程监督与数据维护实现信息化管理的要求。已经具有本地创业培训管理平台的地区，应按照网络创业培训技术标准要求，将本地培训管理平台功能开发与网络创业培训管理相结合，并与部指导中心创业培训工作管理系统实现互联互通、数据共享

（二）网络创业培训教学辅助平台选择流程与评估管理

网络创业培训教学辅助平台技术服务机构的选择与管理是保障教学辅助平台质量的基础性工作。各地创业培训主管部门可结合下述参考流程，严格按照当地政府采购招投标流程做好辅助平台引进或开发工作。

1. 公告。各省、市、县（市、区）人力资源社会保障部门在本地区面向社会发布购买网络创业培训教学辅助平台技术服务公告，公告内容包括《网络创业培训教学辅助平台采购需求书》[①]、申报时间和地点、认定时限、申报条件、选择程序、报送材料和受理机构等。

2. 申请。具备教学辅助平台技术开发及服务能力的机构可向省级创业培训主管部门提出申请，并递交申请材料，具体内容建议如下：

（1）《网络创业培训教学辅助平台技术服务申请表》；

（2）《网络创业培训教学辅助平台技术服务申请评估报告》（标书）；

（3）独立法人证书及复印件；

（4）网络及计算机系统开发资质证书及复印件；

（5）创业培训相关技术开发证明材料（可考虑创业培训相关技术开发机构优先）。

3. 审核。省级创业培训主管部门委托政府采购有关管理部门按照相关要求，组织招标工作，并进行公示及公布。

4. 签约。以政府购买"网络创业培训教学辅助平台技术服务"招投标形式开展的，由从事创业培训管理和补贴办法管理的机构与确认的网络创业培训教学辅助平台

---

① 为便于省级创业培训主管部门清晰阐述网络创业培训教学辅助平台技术服务需求，本标准提供了"网络创业培训教学辅助平台（服务）采购需求书关键技术点建议"，供参考。

技术服务机构签订《网络创业培训教学辅助平台技术服务合作协议书》。

5. 常规评估管理。省级创业培训主管部门组织专家对网络创业培训教学辅助平台技术服务机构进行年度监督评估，填写《网络创业培训教学辅助平台技术服务年度评估报告》。通过年度评估的机构可以继续提供教学辅助平台服务；未通过年度评估的机构则应限期整改（限期整改时间一般为 30~60 天，整改期内应暂停提供技术服务）。整改完成后再次进行针对性评估，通过评估继续提供教学辅助平台服务。未通过评估将予以淘汰。

（三）网络创业培训教学辅助平台技术服务工具[①]

1. 网络创业培训教学辅助平台（服务）采购需求书关键技术点建议。
2. 《网络创业培训教学辅助平台技术服务申请表》参考式样。
3. 网络创业培训教学辅助平台技术服务合作关键权益建议。
4. 网络创业培训教学辅助平台技术服务年度评估关键内容建议。

---

① 网络创业培训教学辅助平台技术服务工具将根据创业培训技术发展而不断完善，请及时登录中国创业培训网站（www.siyb.osta.org.cn）"下载区"下载最新版本。

关于印发《创业指导师培训技术标准（试行）》的通知

中就培发〔2012〕1号

各省、自治区、直辖市及新疆生产建设兵团人力资源社会保障厅（局）创业工作主管部门：

为贯彻落实《国务院办公厅转发人力资源社会保障部等部门关于促进以创业带动就业工作指导意见的通知》（国办发〔2008〕111号）和《关于推动建立以创业带动就业的创业型城市的通知》（人社部发〔2008〕87号）中关于"依托公共就业服务体系，建立健全创业指导服务组织，开发创业指导技术，加强创业服务队伍建设""建立由企业家、创业成功人士、专家学者及政府工作人员共同组成的创业服务专家队伍，逐步形成创业服务指导专兼职队伍"的工作要求，我中心组织开发了《创业指导师培训技术标准（试行）》，旨在为创业服务工作人员从事创业指导活动、参加创业指导培训提供技术依据，从而进一步完善创业服务体系建设。创业指导师培训技术标准，对创业指导师的定义、作用、适用对象，以及创业指导师培训的学员人数、课程内容、培训方式、场地实施、教辅材料、质量监控、考核标准、培训证书、师资和机构管理等方面提出了较规范的技术要求。

我中心将委托中国就业促进会创业专业委员会（以下简称创业专业委员会）开展创业指导师培训技术推广实施工作。创业专业委员会将优先向创业型城市以及创业服务机构健全、创业孵化条件成熟的城市推广创业指导师技术，为当地公共创业服务体系建设提供技术服务和技术保障。同时，依托全国创业训练营活动，为创业指导师提供专业指导培训、交流互动平台、企业实战渠道等专业化、多元化的技术支持。现将《创业指导师培训技术标准（试行）》印发给你们，请参照执行。

联系人：郭楠、冯卓、张薇

电话：（010）84661058、84661341、84661165

传真：（010）84661050

二〇一二年六月二十日

创业指导师培训技术标准（试行）

1. 创业指导的定义

1.1 创业指导的定义

创业指导是运用指导的一般原理、方法、工具对创业者在创业过程中的创业行为提供指点、辅助和引导的服务活动。

1.2 创业指导师的定义

创业指导师是指具有创业或创业服务相关的实践经验，经过创业主管部门的培训、考核，掌握了创业指导的知识和技能，并取得专业认证的人员。

2. 创业指导师的作用

2.1 通过指点、辅助和引导创业者的行为，增强其创业能力、降低创业风险、提高创业成功率和企业存活率。

2.2 提升创业服务人员指导能力，充分发挥公共创业服务平台功能作用，促进创业服务体系建设。

3. 创业指导师适用对象

3.1 各级从事创业工作的管理、服务人员。

3.2 为潜在创业者及创业者提供指导服务的创业培训师资。

3.3 为青年学生提供创业服务的人员，包括技工院校、高等院校的师资。

3.4 有意愿参与创业指导的相关社会人员，包括各类创业服务或培训机构的相关人员。

4. 创业指导师培训的技术要求

4.1 创业指导师培训学员人数

在保证培训班实际教学效果的基础上，根据培训组织机构特征和学员实际需求，创业指导师培训分为创业指导师培训和高级创业指导师培训两种：

1）创业指导师培训人数要求不低于 40 人；

2）高级创业指导师培训人数要求不超过 60 人。

4.2 创业指导师课程内容

创业指导师课程从创业服务平台需求出发,以岗位胜任能力为根本,在与人沟通、自主学习、文案编辑、信息处理、人际关系、解决问题、项目管理、合作协调、方案策划、职业形象管理等必备能力建设上,以及咨询服务、行业信息服务、项目服务、培训服务、融资服务、孵化服务、开业指导服务等模块基础上,通过给予必要的理论知识和工具方法,在服务内容和服务手段方面提供专业化、标准化指导,从而有效提升创业指导服务水平。课时安排如下:

1）创业指导师培训 32 课时;
2）高级创业指导师培训 40 课时。

4.3 创业指导师培训方式和教学手段的要求

课程利用专题讲授、案例分析、分组讨论、情景模拟、沙盘演练、创业实训、实地考察等培训手段,注重实践操作环节,确保学员能够学以致用。

4.4 创业指导师培训场地和培训实施要求

1）培训教学场地要求根据培训班实际人数按照"岛型",即小组工作坊形式安排。每个小组人数以不超过 10 人为宜;
2）培训场地能够确保学员人身安全。

4.5 创业指导师培训用教材以及相关教辅材料的要求

创业指导师培训用教材以及相关教辅材料需为正式出版物。可推荐使用由中国就业培训指导中心、中国就业促进会创业专业委员会开发的创业指导师系列教材。

4.6 创业指导师培训质量监控体系

为保证培训质量,促进项目可持续发展,创业指导师培训的全过程要进行监督和评估,具体使用工具包括:

1）培训机构用质量监控工具:
- 创业指导师培训班申请开办流程;
- 创业指导师培训班开办申请表;
- 创业指导师培训班期总结报告。

2）培训师资用质量监控工具:
- 创业指导师学员申请表;
- 创业指导师培训每日意见反馈表;
- 创业指导师培训期终评估表;

●创业指导师培训班期终培训报告。

5. 创业指导师考核标准

创业指导师的考核包括理论知识、实际操作两个部分。理论知识考核主要采取笔试形式完成。实际操作考核要求学员根据实际或模拟创业企业情况，进行实际演练和操作，解决既定问题。高级创业指导师在上述考核的基础之上，还要完成典型任务评审的考核。理论知识试卷、实际操作试卷和典型任务书统一由中国就业促进会创业专业委员会秘书处提供。

6. 创业指导师培训证书

创业指导师培训合格后将由中国就业培训技术指导中心和中国就业促进会创业专业委员会颁发联章证书。

7. 创业指导师授课师资和机构的管理要求

承担创业指导师培训任务的师资需具备由中国就业促进会创业专业委员会认定的相应授课资质。创业指导师培训机构将采取由中国就业促进会创业专业委员会委托的方式，承担创业指导师培训及后续支持服务工作。

关于印发《创业模拟实训技术规程（试行）》的通知

中就培发〔2011〕1号

各省、自治区、直辖市人力资源和社会保障厅（局）创业培训工作主管部门，新疆生产建设兵团劳动保障局创业工作主管部门：

为贯彻落实《国务院办公厅转发人力资源社会保障部等部门关于促进以创业带动就业工作指导意见的通知》（国办发〔2008〕111号）和《国务院关于加强职业培训促进就业的意见》（国发〔2010〕36号）中关于"完善创业培训模式，规范创业培训标准，开发推广创业培训技术"的工作要求，我中心与中国就业促进会创业专业委员会（以下简称创业专业委员会）组织开发了《创业模拟实训技术规程（试行）》（以下简称技术规程），旨在为各地筛选、引进适合本地的创业模拟实训技术提供参考依据，丰富和完善创业培训技术。现将技术规程印发给你们，请参照执行。为指导各地开展好这方面工作，现就有关问题通知如下：

一、指导思想

创业模拟实训是创业实践教学的一种方式，是创业培训的补充模式之一。创业模拟实训是指学员在讲师的指导和帮助下，在虚拟商业环境中，进行企业创建和企业经营管理等创业活动的学习与演练的过程。它对积累实践经验，增强创业能力，降低创业风险，提高创业成功率和企业存活率具有重要意义。创业模拟实训技术规程，对创业模拟实训的定义、目的、对象做了明确规定。同时，针对知识产权、实训内容、实训方式、实训流程、实训教材、质量监控、支持服务等方面，提出了较完善的技术要求，这为各地筛选、引进、实施、完善和提高创业模拟实训技术提供了参考依据，从而进一步推动创业培训可持续发展。

二、基本要求

各地应结合本地创业培训工作实际需求，组织专家参照技术规程，重点针对实训内容、实训方式、实训流程、实训教材、质量监控等核心技术环节要求、对创业模拟实训技术支持单位（产品）进行系统评估，从而筛选、引进符合条件、适应本地的创业模拟实训技术产品，并确保创业模拟实训技术规程与创业培训技术标准有效结合，互为补充。有条件的地区，可组织专家在技术规程基础上，制定技术指导细则，进一步完善技术要求和评估条件。我中心和创业专业委员会目前暂不对已有创业模拟实训的系统做统一认定或推荐。

三、实施机构条件及师资管理

实施创业模拟实训的机构必须是已开展创业培训机构，具备开展创业培训及创业服务的相关工作经验，并符合开展创业模拟实训的场地、设备设施等条件要求，具有2名以上同时具备创业培训和创业模拟实训师资资格的讲师。

创业模拟实训师资将纳入创业培训师资体系统一管理。我中心正在组织专家，根据技术规程要求，开发创业模拟实训师资培训课程，并于今年底或明年初组织师资培训试点活动。试点期间，由我中心与创业专业委员会联合组织对创业培训培训师、讲师进行创业实训模拟课程培训，并在此基础上，探索建立创业模拟实训师资培训与日常创业培训（SIYB）师资培训管理相结合的工作模式。

四、其他事宜

为便于各地实施推广技术规程，创业专业委员会将对各地创业模拟实训活动提供技术支持服务。如有疑问，请向创业专业委员会秘书处咨询。

联系人：郭楠、马威、张薇

电话：（010）84661058、84661054、84661165

传真：（010）84661059

邮箱：guonan1058@gmail.com；weizhang@osta.org.cn

附件：创业模拟实训技术规程（试行）

中国就业培训技术指导中心

中国就业促进会创业专业委员会

二〇一一年九月二十二日

附件

创业模拟实训技术规程（试行）

1. 创业模拟实训的定义

创业模拟实训作为创业培训实践教学的一种形式，是指学员在虚拟商业环境中，进行企业创建和企业经营管理等创业活动的学习与演练的过程。

2. 创业模拟实训的目的

通过创业模拟实训，积累学员创业和就业实践经验，增强创业和就业能力，降低创业成本和风险，提高创业成功率和企业存活率。

3. 创业模拟实训的对象

3.1 有创业愿望的劳动者。

3.2 初创企业的经营管理者。

4. 创业模拟实训的技术要求

创业模拟实训的技术产品需具备自主知识产权，符合国家相关法律规定及相关技术规范的要求。设计所依据的模型科学严谨，模拟商业环境需具备真实市场环境的全部要素和环节，操作方式遵循实际商业规律，运营方法符合企业实际运营流程。

4.1 创业模拟实训的内容

创业模拟实训的技术产品能够达到帮助创业者增强创业意识、掌握创业知识、提高创业能力的要求。需要包含创建企业、经营和管理企业等基本内容。

● 企业创建的基本内容：创业者自我认知、创业项目选择、企业选址、创业团队组建、企业法律形态选择、创业计划制订等基本内容。（详见表1）

● 企业创建的基本注册流程。符合国家相关企业注册登记法律规定的基本流程。

● 企业经营和管理的基本内容：市场营销、采购和存货管理、人力资源管理、财务管理、生产服务管理等。（详见表2）

表1

基本内容	内容细分
创业者自我认知	● 创业者特质：动机、性格、气质、爱好、特长、行为取向等 ● 创业者能力：风险承担能力、决策能力、管理能力、沟通能力、谈判能力等 ● 包含相应自我认知工具，例如，测评体系
创业项目选择	包括寻找创业项目的方法、分析商业机会的工具、筛选创业项目需要注意的事项等
企业选址	包括企业选址影响因素、基本方法及核心步骤
创业团队组建	包括创业团队的类型和特点、组建创业团队的基本方式
企业法律形态选择	包括创办微小企业的法律形态类型、特点以及相关要求
创业资金的筹集	包括创业启动资金的预测和计算、资金筹集的基本渠道和手段
创业计划制订	● 创业计划制订的基本方法 ● 创业计划书包含摘要、公司简介、市场分析、竞争分析、产品服务、财务计划、风险分析、内部管理等基本内容

表2

基本内容	内容细分
市场营销	包括市场调查和预测、市场细分、市场定位、市场营销计划等基本内容
采购和存货管理	包括采购流程、谈判和议价、存货管理步骤和方法等基本内容
人力资源管理	包括员工招聘、培训、绩效考核、薪酬管理等基本内容
财务管理	包括收入和成本管理、现金管理、盈亏平衡点分析、投资收益分析、风险分析、财务报表、税务等基本内容
生产服务管理	生产服务的基本流程、生产服务过程需要注意的事项

4.2 创业模拟实训的方式

● 计算机仿真软件：学员通过自主操作计算机，利用仿真软件模拟演练创建企业、经营管理企业的过程。

● 互联网仿真平台：学员通过自主操作计算机，利用互联网创业仿真平台，模拟演练创建企业、经营管理企业的过程。

● 实体模拟沙盘：学员利用实体商业道具，通过与其他学员的合作或者竞争方式，模拟演练创建企业、经营管理企业过程。

● 其他方式：将上述几种方式有机结合，实现实训过程。

4.3 创业模拟实训的教材

创业模拟实训技术产品必须配套相应教材,包括学员教材和师资教材。

4.3.1 学员教材应包括的基本内容:

- ●创业模拟实训定义及特征。
- ●创业模拟实训操作步骤和方法。
- ●创业模拟实训项目背景及技术产品功能介绍。
- ●创业模拟实训技术产品的使用注意事项。
- ●创业模拟实训所涵盖的创建企业的主要知识点。
- ●创业模拟实训所涵盖的企业经营和管理的主要知识点。
- ●主要知识点对应的练习,如案例分析、思考题等。

4.3.2 师资教材应包括的基本内容:

- ●创业模拟实训定义及特征。
- ●创业模拟实训操作步骤和方法。
- ●创业模拟实训项目背景及技术产品功能介绍。
- ●创业模拟实训技术产品的使用注意事项。
- ●创业模拟实训指导步骤和流程。
- ●创业模拟实训指导方法和工具。
- ●创业模拟实训指导需要注意的事项。

创业模拟实训师资课程教材需结合创业培训师资课程内容,加强创业和企业管理基础知识和基本技能的培训及演练。

4.4 创业模拟实训的质量监控

创业模拟实训必须具备完整的质量监控体系。在模拟实训前、模拟实训中、模拟实训后全程实施质量监控工作。

质量监控体系必须包括的基本要素:

- ●质量监控标准。
- ●质量监控工具。
- ●质量监控实施时间。
- ●质量监控实施方法。
- ●质量监控实施人员。

5. 创业模拟实训的相关服务

5.1 推广服务

创业模拟实训技术产品能够配套完整的推广宣传方案和渠道，如宣传媒体、地方分支机构或合作伙伴、系列宣传用品等。

5.2 管理服务

创业模拟实训技术产品能够配套完整管理服务体系，如管理服务措施和管理制度、后台技术支持、数据分析档案等。

5.3 延伸服务

可提供与创业模拟实训技术产品相结合的创业扶持基金、模拟创业大赛、模拟网上交易会、创业计划大赛、创业讲堂、创业孵化、创业论坛、创业者沙龙等延伸服务。

6. 创业模拟实训的实施要求

6.1 创业模拟实训的实施机构

实施创业模拟实训的机构必须是已开展创业培训机构，具备开展创业培训及创业服务的相关工作经验，并符合开展创业模拟实训的场地、设备设施等条件要求，具有2名以上同时具备创业培训和创业模拟实训师资资格的讲师。

6.2 创业模拟实训师资

创业模拟实训师资必须是持有《创业培训讲师培训合格证书》的师资，在完成创业模拟实训师资培训课程后，方可参与创业模拟实训课程指导任务。

关于印发《马兰花创业培训线上线下融合的技术指引（2020版）》的通知

中就培函〔2020〕53号

各省、自治区、直辖市及新疆生产建设兵团人力资源和社会保障厅（局）创业培训工作主管部门：

今年疫情以来，各地广泛开展线上培训，积极探索大数据时代促进就业创业工作的新模式。为贯彻落实《人力资源社会保障部关于实施职业技能提升行动创业培训"马兰花计划"的通知》（人社部函〔2020〕109号）的要求，推动马兰花中国创业培训项目（以下简称马兰花创业培训）规范管理服务，确保培训质量，我们在各地实践基础上，开发了《马兰花创业培训线上线下融合的技术指引（2020版）》，现印发并要求如下：

一、把握基本原则

（一）**倡导继承创新发展**。马兰花创业培训始终以创业任务为导向，通过小班互动式教学，有针对性、实效性地指导学员掌握创业知识，提升创业能力。各地创业培训主管部门应在原有管理基础上，根据本地实际需求，适应大数据时代发展，利用区块链、云平台等资源技术，创新开展培训，并提供相应管理服务。

（二）**鼓励地方先行先试**。鼓励有条件的地区先行先试，使线上线下培训相融合。搭建创业培训管理服务平台，完善线上管理手段，实现培训监督评估和数据统计分析一体化管理；依托培训机构和社会力量适应线上线下融合的发展需求，创新培训模式，开发课程资源，不断完善培训技术，提高培训质量。

（三）**规范探索确保效果**。探索线上线下融合的创业培训要按照马兰花创业培训项目各课程的标准要求进行内容安排和教学设计，确保实现教学目标，完成教学任务；要按照项目组织实施规程和培训周期要求，做好班级管理和监督评估，确保培训

效果。

二、强化质量保障

（一）我中心在地方实践探索经验基础上，组织制定相关技术性文件，指导各地在规范培训、确保质量的前提下积极探索，不断完善培训课程资源，提升师资线上培训能力。建设创业培训技术服务管理平台，并与各地创业培训管理服务平台对接，实现互联互通、数据共享，形成全国创业培训规范高效的数字化管理新格局。

（二）各级创业培训主管部门负责做好本地线上线下融合的创业培训的统筹管理。在持续做好线下培训、确保质量的基础上，结合本地实际稳步开展。制定相应管理要求，将线上线下融合的创业培训纳入创业培训管理体系，明确相关条件、申请流程、具体内容以及培训组织、师资管理、机构监管、平台监督、跟踪记录、效果评估等要求，确保培训的针对性和有效性。加强与当地有关部门沟通协调，按要求落实培训补贴。

（三）创业培训机构应积极应对新形势带来的机遇和挑战，通过完善服务内容和手段实现升级发展。严格按照各级创业培训主管部门统筹安排，规范开展线上线下融合的创业培训的组织实施工作，落实管理要求，确保培训质量。

三、加强总结交流

各地创业培训主管部门可对本地区探索情况及主要成果进行阶段性总结。我中心将对各地实践取得的先进经验和典型做法进行分享交流，从而更好地指导各地线上线下相融合的创业培训工作，并不断完善《马兰花创业培训线上线下融合的技术指引（2020版）》和创业培训管理服务手段。

联系人：管颖、张薇

联系电话：（010）84661058、84661165

电子邮箱：guanying@cettic.gov.cn

附件：马兰花创业培训线上线下融合的技术指引（2020版）

中国就业培训技术指导中心
2020年11月13日

附件

马兰花创业培训线上线下融合的技术指引
（2020版）

1. 培训内容

开展线上线下融合的创业培训要充分发挥原有面对面教学优势和数据时代新技术优势，推进培训模式和管理手段不断创新。线上培训可进行以理论知识传授和练习为主的内容，如项目课程介绍、练习作业讲解、理论知识考核、知识拓展辅助教学等；线下培训可进行以创业能力训练和指导为主的内容，如学习小组建立、知识应用与经验分享、店铺管理运营实践、调查研究分析、实操沙盘演练、创业计划指导、实践结果考核等。随着技术逐步成熟，可根据教学实际效果，尝试更多内容向线上融合。

2. 课时要求

线下课时原则上不低于总课时的70%。针对网络创业培训相关课程及青年学生群体的创业培训，各地可根据实际情况适度调整课时比例，线下课时原则上不低于总课时的50%。

3. 授课形式

线上培训根据地区条件和对象群体的实际情况，可选择录播、直播或直播与录播相结合的形式。鼓励线上高互动教学形式的探索和实践，以提升创业培训线上线下融合的授课效果。

3.1 针对录播形式的教学，当地创业培训主管部门应组织本地培训师或讲师对视频来源及内容进行审定，确保资源质量，并做好阶段性更新。

3.2 针对直播形式的教学，鼓励探索、创新依托线上互动技术的教学方法和技巧，各级创业培训主管部门应根据职责分工安排专人或通过相应技术手段进行质量管理，确保培训效果。

4. 班级管理

开展线上线下融合的创业培训，班级管理应严格按照马兰花创业培训项目各课程技术要求，采取线下班级小班管理，包括学员选择、培训需求分析、后续服务及监督评估。每班人数不得超过30人（网络创业培训不超过35人）。线上培训可根据平台功能条件，按照大小班结合等方式开展教学。

5. 考核要求

开展线上线下融合的创业培训要进行出勤考核、课堂表现考核和培训成果考核。

5.1 出勤考核应严格按照马兰花创业培训项目各课程技术要求执行。线上培训的学员登录学习平台应进行签到及签退。讲师可利用平台，通过限时答题等方式确认学员出勤情况。

5.2 线上课堂表现考核内容和形式根据讲师教学设计自行安排，占比不高于培训考核的10%。线上培训课堂表现考核形式以限时问答、分组讨论汇报、作业点评等为主。

5.3 成果考核包括《创业计划书》及网络创业培训实践任务成果等。成果提交可通过线上平台，点评及指导可通过线下培训完成。

6. 师资管理

开展线上线下融合的创业培训应严格按照马兰花创业培训项目各课程技术要求，每期培训班安排2名讲师授课，承担线上线下全部教学任务。

6.1 承担线上培训授课任务的讲师应预先熟练掌握软件平台功能，课前至少完成2次在线试讲，并由培训机构及合作讲师对试讲效果进行评价。如授课讲师确有困难完成线上教学，当地创业培训主管部门应及时调换或增派符合条件的讲师完成线上教学内容，并进行统一监管。

6.2 培训机构应为每期培训班安排1名教学助理，配合线上授课讲师进行线上培训的签到核验、互动组织、数据统计、电子版材料发放及回收等工作。教学助理应熟练操作平台各项功能。

6.3 各地创业培训主管部门应定期组织本地区师资进行线上教学技术研讨交流，帮助师资提升线上课程设计、方法技巧应用、互动把控等能力，提高"线上线下融合"的创业培训质量和效果。

7. 平台功能

各地创业培训主管部门及培训机构应根据实际教学需求，引进或开发适用于线上线下融合的创业培训的教学管理服务平台。平台选择应符合当地有关部门的管理要求，注重用户隐私保护和平台信息安全，确保平台运营合法合规。平台需具备基础教学和监督管理功能，实现学习内容可回放，学习记录可追溯，学习效果可评价。平台应实现与我中心创业培训技术服务管理平台互联互通、信息共享。

7.1 基础教学功能应实现课件（视频）播放、连麦、限时答题、弹幕、点评、留言、在线答疑等互动功能，确保交流效果。如平台提供课程资源，应由当地创业培训主管部门组织培训师或讲师审定后方可使用，具体使用方式应参照每期培训班授课讲师的课程设计。

7.2 监督管理功能应实现签到核验、过程记录、考核点评、学习档案建立、学情统计分析等功能，并鼓励通过技术手段进一步实现培训过程中的人脸识别、学习状态评价、体验效果评估等功能。平台应为当地创业培训主管部门提供账户，便于核验考勤、查看教学及浏览数据。

8. 监督评估

开展线上线下融合的创业培训的培训机构应将线上部分纳入整个培训班管理，进行过程监督和效果评估。线上培训应组织学员填写每日意见反馈，中期评估、结束评估及培训活动报告中应相应增加对线上培训内容和形式、线上授课讲师、线上平台使用的满意度评价。当地创业培训主管部门、培训机构及授课讲师应及时分析反馈信息，定期统计线上培训数据，确保培训真实性和有效性，并在此基础上对线上培训环节进行改进和完善。有条件的地区可将线下培训的监督评估融入平台功能，实现一个平台统筹管理。

9. 制定细则

本指引仅用于开展线上线下融合的创业培训的通用技术指导，各地创业培训主管部门可根据本指引，制定适用于本地区学员需求、师资条件和平台功能的组织实施和技术管理细则，进一步明确创业培训线上线下融合的教学内容、教学模式、师资安排等要求。

关于创业培训证书发放管理工作
有关事宜的通知

中就培函〔2017〕23号

各省、自治区、直辖市及新疆生产建设兵团人力资源社会保障厅(局)创业培训主管部门:

为适应我部职业培训规范管理工作需要,进一步调整完善创业培训管理体系,根据《关于进一步推进创业培训工作的指导意见》(人社厅发〔2015〕197号)和《关于创业培训证书有关事宜的通知》(中就培函〔2016〕47号)要求,我中心对创业培训证书发放管理等工作进行了调整,现就有关事宜通知如下:

一、关于创业培训学员证书

创业培训学员证书是劳动者参加人社系统"创办和改善你的企业"(SIYB)、网络创业等培训课程的唯一凭证,是享受创业担保贷款、职业培训补贴等优惠政策及相关创业服务的必要依据之一。创业培训学员证书的发放对象是参加SIYB、网络创业等培训课程且考核合格的劳动者。该证书与培训课程对应,包括"产生你的企业想法"(GYB)、"创办你的企业"(SYB)、"改善你的企业"(IYB)和网络创业培训。

按照要求,我中心已于2017年1月起停止创业培训学员证书核发工作,改由各省级创业培训主管部门自行组织印制管理。此前我中心统一按规定核发的创业培训学员证书仍然有效。

二、关于创业讲师培训合格证书

创业讲师培训合格证书是参加创业师资培训并具备创业培训授课能力的凭证,是我部抓好师资能力提升和师资培训监督评估的重要手段。创业讲师培训合格证书的发放对象是参加SIYB、网络创业等培训课程讲师培训班且考核合格的讲师。

按照要求,我中心将于2017年7月1日起停止创业讲师培训合格证书核发工作，改由各省级创业培训主管部门自行组织印制管理。此前我中心统一按规定核发的创业培训师资培训合格证书仍然有效。为使创业讲师培训合格证书发放工作平稳过渡，要求如下：

（一）2017年6月底前，我们将严格按照各地上报的创业培训师资培训申请汇总信息（见中就培函〔2017〕21号）进行派遣工作，不在汇总信息中的新申请班次将不得开班。

（二）师资培训合格证书停止发放后，师资班管理流程不变，即半年师资班培训信息汇总上报、公布、开班前的申请、培训师派遣和师资班材料上报都继续按照原技术标准执行。培训结束后，培训师负责将填好证书编号和证书序列号的培训合格讲师成绩单上报我中心。我中心将在现有创业师资库基础上建立创业培训师资管理平台，对进入创业培训师资管理平台的师资，继续加强师资队伍建设，组织师资交流活动（如全国创业培训讲师大赛、全国培训师选拔等），展示师资工作成果。

三、关于创业培训师证书

创业培训师证书是通过全国创业培训师选拔且在培训师培训中成绩合格，具备讲师培训授课能力的凭证。创业培训师证书的发放对象是通过SIYB、网络创业等培训课程全国培训师选拔，参加由我部主办的培训师培训班且考核合格的培训师。

全国创业培训师选拔及培训工作仍由我部统一组织。创业培训师证书由我中心统一核发。

四、关于学员和讲师培训合格证书后续管理工作

自2017年7月1日始，各省（自治区、直辖市）创业培训主管部门具体负责本省（区、市）的创业培训证书（含学员证书和讲师培训合格证书）（以下简称证书）的印制、核发、保存及其他管理工作。为使证书发放衔接有序，提出如下要求：

（一）各省级创业培训主管部门要强化风险防控意识，严格规范证书的印制、核发、验印、保存等管理工作，并结合本地实际情况制定证书相应的管理流程和管理规定。

（二）鼓励证书编制、核发、统计等管理工作采用信息化手段，并将有关信息纳入当地创业培训管理系统，以实现创业培训证书信息网络查询。

（三）各省级创业培训主管部门应依据当地有关规定，合理安排经费，按照相关

要求组织证书印制工作。

（四）在证书印制、核发、验印、保存工作中，建议：

1. 证书印制可参考我中心现有证书样式，证书护套可由各地根据本地实际情况决定是否制作。

2. 证书在设计印制时应考虑采用防伪技术，对社会上出现的伪造、贩卖、制售假证书的，要积极与有关部门配合，予以严厉打击。

3. 为便于全国证书数据信息衔接共享及核验查询，证书应体现学员姓名、培训时间、培训课程（模块）、证书序列号、身份证号等要素。证书序列号一律印在证书左下角，实行全国统一编号，创业培训学员证书编号规则为本省行政区划代码前2位（如北京为11、辽宁为24、山东为37）+8位数字；创业讲师培训合格证书编号规则为本省行政区划代码前2位+6位数字。对于创业培训不同课程模块，在证书印制时应予以区分描述。

4. 证书申请、核发均要详细登记，并定期进行统计分析，确保证书流向清晰、数据准确、账实相符。

各地在创业培训管理工作中如有问题，请与我中心培训处联系。

联系人：马威、张薇

联系电话：010-84661054/1165

中国就业培训技术指导中心

2017年5月16日

关于创业培训证书有关事宜的通知

中就培函〔2016〕47号

各省、自治区、直辖市及新疆生产建设兵团人力资源和社会保障厅（局）创业培训工作主管部门：

根据我部对部属事业单位开展职业培训规范管理的统一要求，我中心决定自2016年9月1日起对已列入今年计划的创业培训（SIYB）讲师培训合格证书和学员培训合格证书（以下简称讲师培训证书和学员培训证书）免费发放。现就有关事项通知如下：

一、工作安排

（一）关于证书费用

自2016年9月1日起，我中心不再收取讲师培训证书和学员培训证书费用，9月1日及以后再汇来的相应款额将予以退还。

（二）关于讲师培训证书

2016年9月1日至今年底，创业培训讲师培训班管理及讲师培训证书审核发放流程不变，讲师培训证书（含SYB、IYB）免费发放。

（三）关于学员培训证书

2016年9月1日至今年底，学员培训证书（含GYB、SYB、IYB）免费发放。其间，我中心现有库存证书将参照各征订单位2015年学员培训证书征订情况控制发放，预计到2016年底发放完毕。各征订单位按原工作流程填写证书需求审核表，市级及以上创业培训主管部门认真审核盖章，据实申请。

学员培训证书免费发放完毕后，我中心将停止学员培训证书发放工作，各地可结合本地实际情况自行安排。

二、工作要求

（一）请各地继续按照创业培训（SIYB）技术标准要求，严把培训质量，认真有序做好相应管理工作。如需印制学员培训证书（含 SIYB、网络创业），应尽快列入本地 2017 年工作计划，确保证书管理规范，发放及时到位。

（二）各省级创业培训主管部门要按本通知要求，及时告知本地相关培训机构及有关方面，做好相关解释工作，妥善处理好有关事宜，确保创业培训工作有条不紊。

（三）2017 年起，由我中心组织开展的创业培训（含 SIYB、网络创业）相关工作要求，将另行通知。

联系人：马威、张薇

联系电话：010-84661054、84661165

中国就业培训技术指导中心

2016 年 8 月 31 日

附录

相关文件节选

序号	文件名称	发文字号	节选内容
1	国务院关于进一步做好稳就业工作的意见	国发〔2019〕28号	**五、大规模开展职业技能培训** （十四）大力推进职业技能提升行动。落实完善职业技能提升行动政策措施，按规定给予职业培训补贴和生活费补贴。针对不同对象开展精准培训，全面开展企业职工技能提升培训或转岗转业培训，组织失业人员参加技能培训或创业培训，实施农民工、高校毕业生、退役军人、建档立卡贫困人口、残疾人等重点群体专项培训计划。支持职业院校（含技工院校）积极承担相应培训任务。 **八、加强组织保障** （二十三）完善资金投入保障机制。积极投入就业补助资金，统筹用好失业保险基金、工业企业结构调整专项奖补资金等，用于企业稳定岗位、鼓励就业创业、保障基本生活等稳就业支出。有条件的地方可设立就业风险储备金，用于应对突发性、规模性失业风险。
2	国务院关于推动创新创业高质量发展打造"双创"升级版的意见	国发〔2018〕32号	**四、持续推进创业带动就业能力升级** （十一）强化大学生创新创业教育培训。在全国高校推广创业导师制，把创新创业教育和实践课程纳入高校必修课体系，允许大学生用创业成果申请学位论文答辩。支持高校、职业院校（含技工院校）深化产教融合，引入企业开展生产性实习实训。（教育部、人力资源社会保障部、共青团中央等按职责分工负责） （十二）健全农民工返乡创业服务体系。深入推进农民工返乡创业试点政策的落地，推出一批农民工返乡创业示范县和农村创新创业典型县，进一步发挥创业担保贷款政策的作用，鼓励金融机构按照市场化、商业可持续原则对农村"双创"园区（基地）和公共服务平台等提供金融服务。支持一定比例年度土地利用计划，专项支持退役军人新业态新产业发展。（人力资源社会保障部、农业农村部、发展改革委、人民银行、银保监会、财政部、自然资源部、共青团中央等按职责分工负责） （十三）完善退役军人自主创业支持政策和服务体系。加大退役军人培训力度，依托院校、职业培训机构、创业培训中心等机构，开展创业意识教育、创业素质培养、创业项目指导、开业指导、企业经营管理等培训。大力扶持退役军人就业创业，落实好现有税收优惠政策，根据个体特点引导退役军人向科技服务业等新业态转移，推动退役军人创业平台建设不断完善，支持退役军人参加创新创业大会和比赛。（退役军人部、教育部、人力资源社会保障部、财政部、税务总局、共青团中央等按职责分工负责）

99

续表

序号	文件名称	发文字号	节选内容
3	国务院关于推行终身职业技能培训制度的意见	国发〔2018〕11号	二、构建终身职业技能培训体系 （八）大力推进创业创新培训。组织有创业意愿和培训需求的人员参加创业创新培训。以高等学校和职业院校毕业生、科技人员、退役军人、农村转移就业和返乡下乡创业人员、失业人员和转岗职工等群体为重点，依托高等学校、职业院校、职业培训机构、创业培训（实训）中心、创业孵化基地、企业等，开展创业意识教育、创新素质培养、创业项目指导、开业指导、企业经营管理、网络平台等，众创空间、网络平台等，创业培训（实训）开展的"试创业"实践活动纳入政策支持范围。发挥创业创新支持体系，将职业院校实训基地作用，开展集智创新、技术攻关、技能研修、技艺传承等群众性技术创新活动，做好创新成果总结命名推广工作，加大对劳动者创业创新的扶持力度。（人力资源社会保障部、教育部、科技部、工业和信息化部、住房城乡建设部、农业农村部、退役军人事务部、国务院国资委、国务院扶贫办、全国总工会、共青团中央、全国妇联、中国残联等按职责分工负责）
4	国务院办公厅关于支持农民工等人员返乡创业的意见	国办发〔2015〕47号	三、健全基础设施和创业服务体系 （十）强化返乡农民工等人员创业培训工作。紧密结合返乡农民工等人员创业特点、需求和当地经济特色，编制实施专项培训计划，整合现有培训资源，开发有针对性的培训项目，加强创业师资队伍建设，采取远程互动等方式有效开展创业培训，远程网络互动等方式有效开展创业培训，扩大培训覆盖范围，提高培训的可获得性，并按规定给予创业培训补贴。建立健全全创业辅导制度，加强返乡创业人员队伍建设，从各行业资源中挑选一批创业导师、职业经理人、电商辅导人、天使投资人、返乡创业农民工、返乡创业带头人当中选拔一批创业导师，为返乡创业农民工等人员提供创业辅导。支持返乡创业农民工等人员定期到东部企业跟岗学习和实习实训，为农民工、农户知名乡镇企业、为返乡农民工加工企业、休闲农业企业和专业市场等为返乡创业人员提供创业见习、实习和实训，动员知名乡镇企业、农产品加工企业、休闲农业和乡村旅游企业、农业产业化龙头企业和专业市场等为返乡创业农民工等人员提供创业见习、实习和实训。加强输出地与东部地区对口协作，发挥好返乡创业人员和专业市场为返乡创业人员提供支持。发挥好驻村"第一书记"和驻村工作队作用，帮助开展返乡农民工教育培训，做好贫困乡村创业致富带头人培训。

续表

序号	文件名称	发文字号	节选内容
5	人力资源社会保障部国家发展改革委等十五部门关于做好当前农民工就业创业工作的意见	人社部发〔2020〕61号	**二、促进就地就近就业** （六）支持返乡入乡创业带动就业。加强创业服务能力建设，组织协调企业家、成功人士等成立创业服务专家团队和农村创新创业导师队伍，为返乡入乡创业农民工提供政策咨询、开业指导等专业服务。对符合条件的返乡入乡创业农民工，按规定给予税费减免、创业补贴、创业担保贷款及贴息等创业扶持政策。对其中首次创业且正常经营1年以上的，按规定给予一次性创业补贴。正常经营6个月以上的可与申领创业补贴资金的50%。加强创业载体建设，政府投资开发的孵化基地等载体可安排一定比例的场地，免费向返乡入乡创业农民工提供，支持高质量建设一批返乡入乡创业园（基地）、集聚区、农业农村部、农业农村部等。吸引农民工等就地就近创业就业。（国家发展改革委、财政部、人力资源社会保障部、农业农村部、人民银行、税务总局等按职责分工负责） **三、强化平等就业服务和权益保障** （八）强化教育培训。用好职业技能提升行动专账资金，实施农民工稳就业职业技能培训计划。支持企业面向新吸纳失业农民工开展以工代训，实现以训稳岗。面向失业农民工开展定向定岗培训，急需紧缺职业专项培训，面向返乡农民工就近开展职业转换培训和培训。农民工可按规定在培训地申领职业培训补贴，培训期间生活费补贴和职业技能鉴定补贴等。落实高职扩招任务要求，针对农民工单列招生计划，做好考试测试、招生录取、分类教育管理等工作。（教育部、人力资源社会保障部、农业农村部等按职责分工负责）
6	人力资源社会保障部 共青团中央关于印发百万青年技能培训行动方案的通知	人社部发〔2020〕59号	**一、行动目标** 深入贯彻党中央、国务院把稳就业摆在更加突出位置的要求，实施百万青年技能培训行动，以高校毕业生和其他青年群体为培训对象，2020年至2021年，面向各类青年群体开展青年职业技能培训200万人次以上，提高青年就业率和创业成功率，扩大和稳定青年就业。 **五、行动内容** （四）青年创业培训计划。加大青年创业支持力度，面向有创业意愿和培训需求的城乡青年，开展针对性的创业意识教育。加强创业担保贷款、税费减免等扶持政策，提供创业咨询指导，创业能力和创业成功率。要强化咨询和事务代理等全方位服务，健全创业培训、创业指导、创业孵化、融资、法律咨询和事务代理等服务体系。对创业成功且经营稳定的，按规定给予创业补贴和优先贷款支持。

续表

序号	文件名称	发文字号	节选内容
7	人力资源社会保障部关于印发农民工稳就业职业技能培训计划的通知	人社部函〔2020〕48号	一、工作目标 深入实施职业技能提升行动，将职业技能培训作为促进农村转移劳动力就业、稳定农民工就业、支持农民工返乡创业、助力贫困劳动力增收脱贫的重要抓手，面向大农民工群体，开展大规模、广覆盖和多形式的职业技能培训。2020年至2021年，每年培训农民工700万人次以上，促进农民工职业技能提升，推动农民工稳岗就业和返乡创业，改善农民工就业结构，将农民工培育成为重要的人力资源。 四、工作内容 （三）以输出地为主，组织返乡农民工开展就业创业培训，促进农民工就近就业创业。结合县域经济发展和公益岗位需求，重点围绕县域内生产制造业、建筑业、乡土产业、休闲旅游业、餐饮业等开展技能培训，提高返乡农民工职业转换和再就业能力，促进返乡农民工再就业。根据区域经济和人文特点，结合新业态、新业态、创业实训，大力开展农民工返乡创业培训，鼓励准备创业和创业初期的农民工参加创办企业、经营管理等课程培训，提升创业项目选择、市场评估、资金预测、人工智能、电子商务等新技术新领域创业培训。促进掘高创业质量和层次，加大返乡农民工创业政策扶持，健全创业培训与创业服务相结合的工作体系，不断提高返乡农民工创业成功率。
8	人力资源社会保障部财政部农业农村部关于进一步推动返乡入乡创业工作的意见	人社部发〔2019〕129号	二、提升创业培训 （三）扩大培训规模。将有培训需求的返乡入乡创业人员全部纳入创业培训范围。依托普通高校、职业院校、教育培训机构等各类优质培训资源，根据创业意向、区域经济特色和重点产业需求，开展有针对性的返乡入乡创业培训。对返乡入乡人员带头开展创业能力提升培训，充分发挥辐射和带动作用。 （四）提升培训质量。积极探索创业培训+技能培训，创业培训与区域产业相结合的培训模式，根据返乡入乡创业人员特点，开发一批特色专业和示范性培训课程。实施培训下乡"直通车"，农民夜校、远程培训、网络培训，推动优质培训资源城乡共享，提高培训的针对性、实用性和便捷度。探索组建专业化、规模化、制度化的创业导师队伍，发挥"师带徒"效应。 （五）落实培训补贴。按规定落实培训补贴。对参加培训的农民工、建档立卡贫困人口、大学生和退役士兵等人员，按规定落实培训补贴。有条件的地方可按规定通过项目制方式购买培训项目，管理人员培训条件合适的返乡入乡创业人员提供培训。各地可结合实际需要，对师资培训、管理平台开发等基础工作给予支持。

续表

序号	文件名称	发文字号	节选内容
9	国务院扶贫办、人力资源社会保障部关于加强贫困村创业致富带头人培训工作的通知	国开办发〔2019〕19号	二、完善培训模式 （三）科学设置培训内容。结合当地脱贫攻坚任务、扶贫产业布局和致富带头人项目实际，科学构建多层次、模块化的创业培训课程体系。根据致富带头人不同创业阶段的特点和需求，有针对性地组织培训。对准备创业人员开展创业意识培训，帮助增强创业意识；对创业初期人员开展企业改善培训，重点开展企业管理培训、资金预测、风险防范、创业计划等能力培训，对处于发展良好的企业开展扩大企业培训，系统建立企业培训体系，提升市场评估、企业稳定率和竞争力。在此基础上，对于发展良好的企业开展扩大企业培训，系统建立企业培训体系，指导企业发展和战略增长。对于有意愿和条件的致富带头人，可开展农村电商创业培训。开展创业培训同时，应注重加强脱贫攻坚政策、带贫责任意识培训。 （四）创新创业培训模式。开展致富带头人创业培训过程中，应有效利用各类创业培训资源，积极采取互动式教学方式、辅以创业实训、观摩游学、创业指导等，探索创业培训与技能培训、区域产业相结合的培训模式。有条件的地区，可利用互联网平台，开展微课、慕课、翻转课堂等"互联网+"创业培训模式。 三、精心组织创业培训 （五）选优创业培训机构。创业孵化园、产业基地、创业培训机构，充分发挥高职院校、中职学校、技工院校、农民（干部）学院、科研院所、优势产业基地，依托具备条件的培训机构，为致富带头人实训基地，职业培训基地，职业培训机构的系统化培训。各省（区、市）要建设一批贫困村创业致富带头人实训基地。已认定的国家级贫困村创业带头人实训基地，扶贫部门要按照属地管理原则加强管理，确保规范运行，切实发挥示范效应。 （六）发挥优势资源作用。充分发挥人力资源社会保障部"马兰花中国创业培训项目"作用，针对致富带头人特点需求，合理利用已有课程、教材、师资、培训机构等资源，开展"创办你的企业"培训，"网络（电商）创业"行动，"乡村创业培训"任务。依托东西部扶贫协作，中央单位扶贫经验和培训资源，及"万企帮万村"行动，教学组织实施，后续指导服务。应严格按照技术标准和培训周期，做好课程评价。 （七）加强师资队伍建设。扶贫部门可从具备以上脱贫攻坚获奖者、创业带贫效果显著的致富带头人，以及具有培训指导能力和成功帮扶经验的专家、企业家、高校教授中，选择有志于扶贫事业的人员作为创业培训师资。人力资源社会保障部门与当地扶贫部门协作，开展创业培训、并按规定给予职业培训补贴，为致富带头人提供切实有效的培训师资。培养一支服务于致富带头人的师资队伍。选派教学能力强，强化培训经验丰富的师资承担相关培训任务，建立创业培训师资库，完善登记、考核、进出机制。 （八）督促监督评估及跟踪服务。扶贫部门会同有关方面提升师资业务服务能力水平和考核和培训质量评估能力水平。研讨交流、观摩竞赛等多种方式，完善致富带头人创业培训质量监控和效果评估体系。通过信息化管理平台建设、强化档案管理、信息档案、反馈信息，强化致富带头人创业培训档案管理、培训资金管理等工作。培训效果管理信息系统同步更新，建立创业培训、创业跟踪系统。收集分析致富带头人反馈信息，强化致富带头人创业培训信息与后续服务的有效衔接，为持续提供开业指导、创业孵化、创业担保贷款等创业服务。集合社会保障部门公共创业服务平台，为致富带头人提供开业指导，充分依托创业担保贷款等创业服务。

续表

序号	文件名称	发文字号	节选内容
10	财政部 人力资源社会保障部关于印发《就业补助资金管理办法》的通知	财社〔2017〕164号	**第二章 资金支出范围** **第四条** 就业补助资金分为对个人和单位的补贴、公共就业服务能力建设补助两类。 对个人和单位的补贴包括：职业培训补贴、职业技能鉴定补贴、社会保险补贴、公益性岗位补贴、创业补贴、就业见习补贴、求职创业补贴和高技能人才培养补助等支出。 公共就业服务能力建设用于基层公共就业服务平台建设支出；公共就业服务能力建设补助资金用于就业创业服务补助和高技能人才培养补助等支出。 同一项目就业补助资金补贴与失业保险待遇有重复的，个人和单位不可重复享受。 **第五条** 享受职业培训补贴的人员范围包括：贫困家庭子女，毕业年度高校毕业生（含技师学院高级工班、预备技师班和特殊教育院校职业教育类毕业生，下同），城乡未继续升学的应届初高中毕业生，农村转移就业劳动者，城镇登记失业人员（以下简称五类人员），以及符合条件的企业在职职工。 职业培训补贴用于以下方面： （一）五类人员就业技能培训和创业培训。对参加就业技能培训和创业培训的五类人员，培训后取得职业资格证书（或职业技能等级证书、专项职业能力证书、培训合格证书、下同），给予一定标准的职业培训补贴。各地应当精准对接产业发展需求和受教育者需求，定期发布重点产业职业培训需求指导目录。对指导目录内培训且创业培训机构，可适当提高补贴标准。对为城乡未继续升学的应届初高中毕业生垫付培训费参加项目制培训的，给予一定标准的职业培训补贴。其中为农村学员和城市低保家庭学员参加项目制培训的，同时给予一定标准的生活费补贴。 （三）符合条件人员购买制职业技能培训或创业培训。各地人社、财政部门可通过项目制方式，向政府认定的培训机构整建制购买制职业技能培训或创业培训项目，为化解钢铁煤炭行业过剩产能企业失业人员（以下简称去产能失业人员），建档立卡贫困劳动力免费提供就业技能培训或创业培训。对承担相关项目制培训任务的培训机构，给予一定标准的职业培训或创业培训补贴。 **第四章 资金申请与使用** **第二十二条** 职业培训补贴资金的具体用途分别遵循以下要求： 劳动者申请建立职业培训个人信用账户，并通过信用账户支付培训费用。有条件的地区应探索为申请职业培训补贴资金的具体用途择"先垫后补"和"信用支付"等办法。有条件的地区应探索为申请职业培训补贴资金根据职业技能培训和创业培训补贴办法向当地人社部门提供以下材料：《就业创业证》（或《就业失业登记证》《社会保障卡》，下同）复印件，职业资格证书复印件，培训机构开具的行政事业性收费收据（或税务发票，下同）等。 （二）职业培训机构为城乡未继续升学的应届初高中毕业生的，还应提供以下材料：身份证复印件、《就业创业证》复印件，初高中毕业证书复印件，贫困家庭子女、城镇登记失业人员凭《就业创业证》代为申请补贴材料。 上述申请材料经人社部门审核后，对五类人员和企业在职职工个人申请的培训补贴或生活费补贴资金，按规定支付给申请者本人个人银行账户或个人信用账户；对企业和培训机构代为申请补贴资金，直补企业和培训机构的培训补贴资金和学员的生活费补贴资金支付到培训机构在银行开立的基本账户。城市低保家庭生活保障证明材料。

续表

序号	文件名称	发文字号	节选内容
11	人力资源社会保障部等九部门关于实施大学生创业引领计划的通知	人社部发〔2014〕38号	二、政策措施 （一）普及创业教育 各级教育部门要加强对高校创业教育工作的指导和管理，推动高校普及创业教育，实现创业教育科学化、制度化、规范化。各高校要将创业教育融入人才培养体系，贯穿人才培养全过程，面向全体学生广泛、系统开展；积极开发开设创新创业类课程，并纳入学分管理；不断丰富创业教育形式，开展灵活多样的创业实践活动；切实加强师资队伍建设，为普及创业教育提供有力支持。 （二）加强创业培训 各级人社部门要加强与教育部门和高校的衔接，以有创业愿望的大学生为重点，编制专项培训计划，优先安排培训资源，切实抓好组织实施，使每一个有创业愿望的大学生都有机会获得创业培训。要鼓励支持有条件的高校、教育培训机构、创业服务企业、行业协会、群团组织等开发适合大学生的创业培训项目，经过评审认定后，纳入创业培训计划，积极推行创业模块培训、创业案例教学和落实创业培训补贴政策，抓好质量监督，不断提升大学生创业能力。要会同相关部门进一步完善实效性。要切实加强创业师资队伍建设，创新培训方式，提高创业培训的针对性和有效性。要切实加强创业实务训练、完善和落实创业和创业培训补贴政策，健全并加强培训补贴资金管理，对符合条件的参加创业培训大学生按规定给予培训补贴。
12	人力资源社会保障部办公厅 财政部办公厅关于做好职业技能提升行动专账资金使用管理工作的通知	人社厅发〔2019〕117号	二、关于就业重点群体以及贫困劳动力职业技能培训和创业培训 （一）对贫困家庭子女、贫困劳动力、城乡未继续升学初高中毕业生（以下称"两后生"）、农村转移就业劳动者、下岗失业人员和转岗职工、退役军人、残疾人开展免费职业技能培训。对参加贫困村创业致富带头人培训的，按规定给予职业培训补贴。对贫困劳动力、零就业家庭成员、"两后生"中的农村学员和离校2年内未就业高校毕业生（含技师学院）参加职业技能培训和创业培训期间通过就业补助资金给予生活费（含交通费）补贴。 （二）毕业年度高校毕业生和离校2年内未就业高校毕业生（含技师学院）参加职业技能培训和创业培训，按规定给予职业培训补贴。 （三）农民参加新型职业农民培育工程、农村实用人才带头人素质提升和职业农民技能培训等，按规定给予职业培训补贴。 四、关于调整完善职业培训补贴政策 （一）各地可根据实际情况，提高通用职业素质、求职能力等综合性培训，创业培训，新产业新职业新技能培训和技能含量高、实训耗材量大的培训补贴标准。

续表

序号	文件名称	发文字号	节选内容
13	人力资源社会保障部办公厅关于推进技工院校学生创业创新工作的通知	人社厅发〔2018〕138号	二、主要任务 (一) **普及创业创新教育**。各地要加强技工教育创业创新课程体系建设，将工院校专业课程与创业课程相结合。支持技工院校将创业创新意识教育课程与公共课程相结合，将创业创新实践课程与实践专业课程相结合。鼓励技工院校开设创业创新实践课程和市场开发、企业管理等创业创新实践课程。根据课程设置和教学实际情况，开发技工院校创业创新课程教材。注重在校园营造创业创新的良好氛围，举办小创业创业者特别是创业成功校友传授创业经验。要依托技能大师工作室、创业工坊等，组织开展多种形式的创业创新主题活动。 (二) **加强创业培训**。各地要建立健全技工院校创业培训体系，依托技工院校、职业培训机构、创业培训(实训) 中心，根据技工院校学生自身特点，实际需求和具备的职业技能水平，开展各类创业培训、职业培训、创业培训示范项目。加强创业培训师资配备，鼓励技工院校引进或开发创业培训课程、创业孵化基地、众创空间、网络平台等实体开设各类创业培训、企业培训中心，创业培训课程，支持技工院校组织开展马兰花中国创业培训毕业学期创业培训实验班，帮助应届毕业生切实提高学生创业能力。鼓励有条件的技工院校开设毕业学期创业培训实验班，帮助应届毕业生投身创业。

说明：该附表主要节选了2015年以来国务院及人力资源社会保障部印发的相关文件中关于创业培训的内容，如需查阅文件全文，可按文件名称和发文字号在相关网站搜索。